Iván Parro Fernández

GESTIÓN Y OPERATIVA DEL SOFTWARE DE UN SISTEMA INFORMÁTICO

Formación Alcalá

Se terminó de imprimir en los talleres gráficos de Editorial Zumaque en
Polígono Industrial El Retamal, calle olivo 6, Alcalá la Real (Jaén)
en junio de dos mil veinte.

Su opinión es importante. En futuras ediciones, estaremos encantados
de recoger sus comentarios sobre este libro. Por favor, háganosla llegar a través
de la web: www.faeditorial.es

©Editorial: FORMACIÓN ALCALÁ.
Pol. Ind. El Retamal. Calle olivo 6.
23680 ALCALÁ LA REAL (JAÉN)
info@formacionalcala.es / info@faeditorial.es
www.formacionalcala.es / www.faeditorial.es
Tel. 953 58 53 30

1ª Edición: Junio 2020
ISBN: 978-84-1323-973-6
DL: J-302-2020
Imp.: Editorial Zumaque

ÍNDICE

GESTIÓN Y OPERATIVA DEL SOFTWARE DE UN SISTEMA INFORMÁTICO

AUTOR

Iván Parro Fernández

Es licenciado en Sociología por la Universidad Complutense de Madrid. Como Coordinador del Aula Multimedia de Moratalaz durante ocho años tuvo la oportunidad de acercarse con mayor profundidad al ámbito de la informática, ofimática, Internet y de las nuevas tecnologías en general, impartiendo formación en más de doscientas charlas y talleres relacionados con estos temas. Es autor de libros sobre sistemas operativos, búsqueda de empleo, economía y sociología, entre ellos destacamos las obras publicadas en esta editorial: *Dominar la informática. Funcionalidades y recursos de los sistemas informáticos. Copias de seguridad y tratamiento de la información. Monitorización y rendimiento del software.* Tiene publicados más de una treintena de artículos y es colaborador del semanario digital Bejar.biz.

1. INTRODUCCIÓN

En este texto sobre gestión y operativa del software de un sistema informático se pretende ofrecer a usuarios y a profesionales algunas de las ideas más importantes sobre software que afectan al diseño y al desarrollo de sistemas informáticos, más en concreto se intentará responder a preguntas como las siguientes: qué es el software, cuáles son sus características, cómo se clasifica o cuáles son las ventajas e inconvenientes de utilizar uno u otro tipo de software como puede ser el software libre. También se desarrolla la temática acerca de las interfaces de usuario o el significado, funciones y requisitos para implantar un software de gestión y mantenimiento de activos informáticos adecuado. Por otro lado también se mencionarán qué tipos de licencias están asociadas al software y qué procedimientos, tanto a nivel de planificación como de gestión, debemos seguir para realizar un adecuado mantenimiento del mismo, para terminar explicando las diferentes herramientas administrativas y de gestión remota que pueden ser utilizadas para su control y/o supervisión.

Este texto, en general, se centrará más específicamente sobre el software, su origen, su significado y sus posibilidades dentro del sistema informático. El software es una parte principal del sistema, puesto que sin software, sin programas que hagan funcionar los distintos dispositivos del sistema en una sinfonía informática armoniosa, que permita interaccionar de la mejor manera posible al hombre con la máquina, no tendría mucho sentido ni la máquina, ni los componentes que contiene. El software facilita la comunicación del usuario o del técnico con la máquina. Pero para que esa comunicación fluya adecuadamente lo cierto es que son necesarios una serie de elementos y de componentes varios, entre los que se incluyen las interfaces, que permiten que el usuario pueda transmitir a la máquina en su propio lenguaje aquello que quiere que haga o que se abra o que aparezca.

2. OBJETIVOS

OBJETIVO PRINCIPAL

- Conocer más en profundidad algunas de las características del software y su aplicación en los sistemas informáticos.

OBJETIVOS ESPECÍFICOS

- Identificar los componentes software de un sistema informático detallando sus características y los parámetros de configuración.
- Explicar los diferentes tipos de software para realizar una clasificación según el propósito, las funciones y los modos de ejecución.
- Describir las características de los componentes software del sistema atendiendo a sus funcionalidades.
- Explicar y describir los tipos de interfaces de usuario discriminando las principales características de cada uno de ellos.
- Instalar y actualizar programas del software de aplicación para ofrecer funcionalidades a los usuarios considerando unas especificaciones determinadas.
- Realizar la instalación de componentes software de aplicación para añadir funcionalidad al sistema comprobando los requisitos de instalación, verificando que las licencias de utilización cumplen con la normativa vigente, instalando y configurando los componentes para utilizar correctamente los dispositivos, documentando los procesos de instalación y desinstalación, actualizando el inventario de software.
- Aplicar procedimientos de administración y mantener el funcionamiento del sistema dentro de unos parámetros especificados.

- Identificar las herramientas administrativas disponibles en el sistema detallando sus características y utilidades para realizar los procedimientos de administración.
- Describir los tipos de tareas de administración de sistemas informáticos detallando sus características, modos de ejecución y mecanismos disponibles para su ejecución automática teniendo en cuenta las especificaciones técnicas.
- Citar las técnicas de mantenimiento de la configuración del software de base y de aplicación que se necesitan para mantener la operatividad del sistema.

MAPA CONCEPTUAL

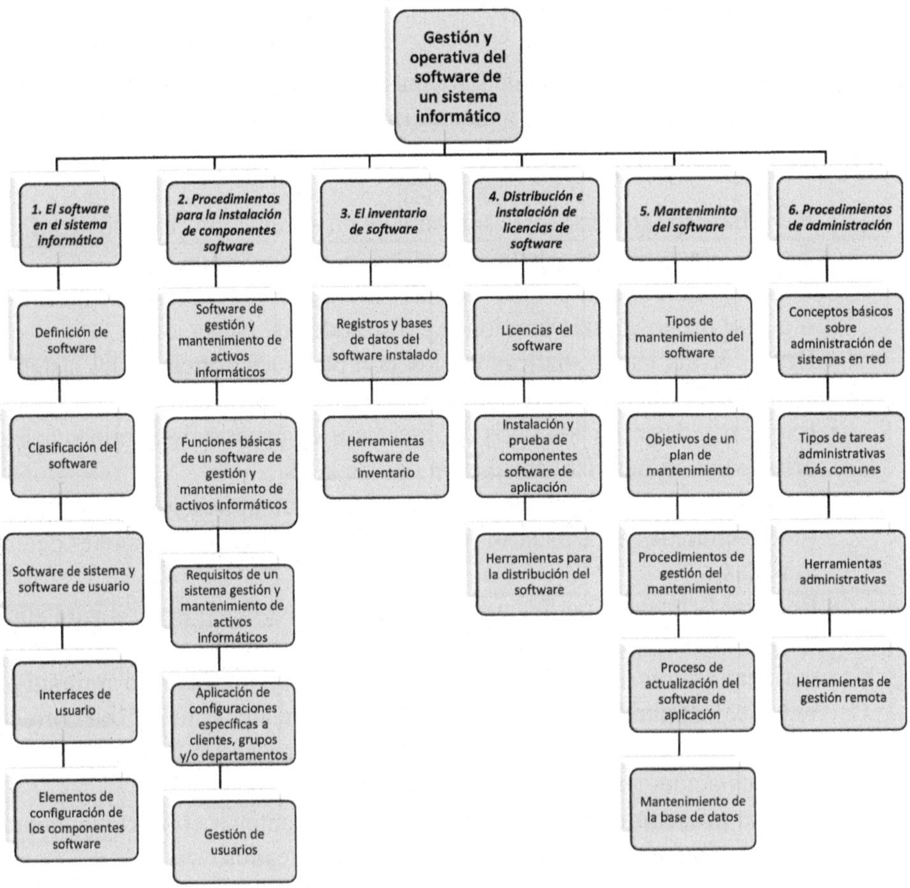

3. A TENER EN CUENTA

Cada uno de los temas propuestos se extienden y complementan al finalizar con una serie de *recursos* y apartados que pasamos a explicar:

- *Enlaces de interés:* es una recopilación de algunas páginas web en las que podemos encontrar textos relaci onados con alguna de las cuestiones o conceptos explicados en cada uno de los apartados del tema. Pueden ayudar para enriquecer o complementar las explicaciones desarrolladas.
- *Glosario:* es una relación ordenada de conceptos y términos que hayan ido apareciendo a lo largo del tema explicado y que merecen una reseña más pormenorizada o ampliada.
- *Ejercicios prácticos:* son sugerencias de ejercicios de repaso o puesta en práctica de algunas cuestiones explicadas en el tema.
- *Bibliografía:* textos que pueden complementar o profundizar en algunas de las cuestiones, procedimientos o técnicas explicadas en los apartados de cada tema.
- *Resumen:* breve explicación del tema indicado y de alguno de sus aspectos o cuestiones más relevantes.

Todos los temas contienen además apartados como objetivos que se pretenden transmitir con cada uno de los temas propuestos o mapas conceptuales y esquemas que resumen explicaciones.

4. EL SOFTWARE EN EL SISTEMA INFORMÁTICO

INTRODUCCIÓN

En este primer tema desarrollaremos el concepto de *software* y su importancia dentro del sistema informático, puesto que el software es el encargado de que el hardware pueda funcionar adecuadamente en el sistema. El software proporciona las instrucciones precisas para que el hardware cumpla la función que tiene que realizar dentro del sistema, ya sea por ejemplo la impresión de documentos o el almacenamiento de datos en un dispositivo extraíble.

A lo largo del tema comentaremos las características y funciones del software dentro del sistema informático, su clasificación según el propósito, la función o el modo de ejecutarlo en el sistema; explicaremos de forma ampliada las funciones y las características principales tanto del software del sistema como del software de usuario (y también del software de usuario final).

Un tema principal es el de las *interfaces*, los medios que permiten una comunicación comprensible entre hombre y máquina, a las que se dedicará todo un capítulo, explicando qué es la interfaz, los tipos de interfaces más comunes y sus características, además de realizar un recorrido por los elementos que configuran a los componentes software, entre los que se distinguen los COTS (componentes comerciales del software) y los MOTS (componentes abiertos o libres del software), cuya distinción básica se refiere a la posibilidad o imposibilidad de modificar el código del componente.

Este tema introduce al profesional en todo lo que representa, significa y cómo influye el software en un sistema informático, además de explicar qué es una interfaz y su importancia como herramienta de comunicación principal entre hombre y máquina, puesto que es importante recordar que gracias a las interfaces los humanos nos podemos comunicar con los ordenadores y los ordenadores pueden a su vez dar una respuesta adecuada a las peticiones o necesidades que les hacen, manifiestan o les solicitan los humanos.

OBJETIVOS DEL TEMA

- Identificar los componentes software de un sistema informático detallando sus características y los parámetros de configuración según unas especificaciones funcionales dadas.
- Citar los tipos de software para realizar su clasificación teniendo en cuenta el propósito, las funciones y los modos de ejecución entre otros parámetros.
- Describir las características de los componentes software del sistema distinguiendo sus funcionalidades.
- Explicar y describir los tipos de interfaces de usuario discriminando las principales características de cada uno de ellos.
- Identificar los elementos de configuración de los componentes software para garantizar el funcionamiento del sistema según especificaciones recibidas.

MAPA CONCEPTUAL

4.1. Definición de *Software*

Podemos definir el *software* como el equipamiento o soporte lógico de un sistema informático. Este soporte lo componen los elementos no tangibles y no físicos necesarios para realizar tareas específicas en el sistema.

También se define al *software* como el conjunto de programas de cómputo, procedimientos, reglas, documentación y datos asociados que forman parte de las operaciones de un sistema de computación (estándar 729 de IEEE).

Cuando hablamos de software estamos utilizando el anglicismo más utilizado referido a este concepto puesto que el término lógico deriva del francés *logicial* que es utilizado principalmente en países de habla francesa.

El equipamiento del sistema comprende todo el conjunto de los componentes lógicos necesarios que permiten la realización de tareas específicas en contraposición al hardware que se refiere a componentes físicos.

SOFTWARE ---------------------------------- Componentes lógicos (programas)

HARDWARE ---------------------------------- Componentes físicos (dispositivos)

Estos componentes lógicos incluyen entre otras muchas variantes, aplicaciones informáticas como procesador de textos, que permite al usuario crear o editar textos; el llamado *software de sistema o sistema operativo*, que es aquel que permite que otros programas puedan funcionar correctamente, facilitando además la interacción entre los componentes físicos y el resto de aplicaciones, proporcionando una interfaz gráfica adecuada y totalmente comprensible para el usuario.

El término software ya fue empleado por Charles Babbage como parte de su máquina diferencial, pero fue Alan Turing con su máquina de Turing y la teoría de la computación el que desarrolló la teoría del software moderno.

Máquina diferencial de Babbage

Turing y su máquina

Según Turing el software tiene unas características bien definidas que le facilitan realizar acciones sobre sí mismo o bien tareas relacionadas por ejemplo con el mantenimiento.

Entre las *características especiales del software* están las siguientes:

- *Es lógico, no físico.*
  El software es un componente oculto, no se puede ni ver ni tocar.
- *Se desarrolla, no se fabrica.*
  En el proceso de desarrollo del software se distinguen las siguientes *fases:* análisis, diseño, desarrollo, implementación y evaluación, de modo que se pueda obtener un producto de calidad y satisfactorio para los clientes-usuarios.
- *No se estropea.*
  Durante el ciclo de vida del software éste puede sufrir cambios que deriven en una serie de fallos y defectos que si no son convenientemente corregidos pueden provocar el deterioro del software.
- *Se puede construir a medida.*
  Según evoluciona el software se pueden crear estándares de diseño. El software debe diseñarse e implementarse para que pueda ser reutilizable.

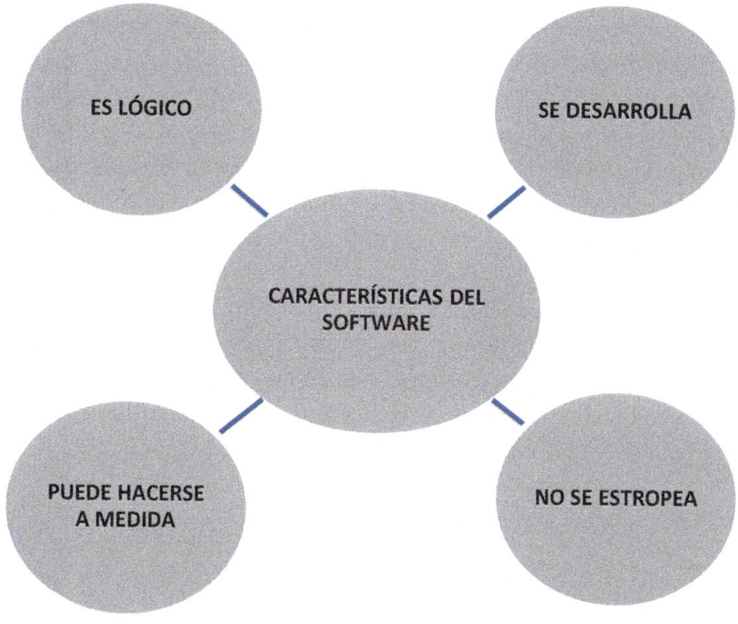

En todo el proceso de creación y desarrollo del software éste pasa por una serie de etapas que se denominan fases del ciclo de vida del software, que describen su desarrollo desde la fase inicial hasta la fase final. Este modelo define las bases intermedias necesarias para la validación del desarrollo de la aplicación y la verificación de los procedimientos seguidos para desarrollar dicho software. La validación requiere la garantía de que el software cumpla con los requisitos para la aplicación y la verificación asegura que los métodos seguidos para la construcción del software son los adecuados.

VALIDACIÓN ---------------------------------- Cumplimiento de requisitos

VERIFICACIÓN -------------------------------- Métodos de construcción adecuados

El ciclo de vida del software tiene como principal finalidad también detectar errores lo antes posible permitiendo a los desarrolladores dedicarse a otras tareas como garantizar la calidad del software, cumplir con los plazos acordados y encarecer los costes asociados de la construcción del mismo.

El ciclo de vida del software es un proceso que lleva aparejado un conjunto de actividades y tareas que deben realizarse junto con una documentación asociada a cada una de estas tareas.

La norma ISO/SEC Standard 12207: 2008: Software life-cycle processes, propuesta por la ISO, indica que estos procesos relativos al ciclo de vida del software son procesos de referencia en los cuales se indican todas las tareas involucradas en el desarrollo, explotación y mantenimiento de un producto software, abarcando la vida del sistema desde la definición de requisitos hasta que se deja de utilizar.

Según la norma citada las actividades que se pueden llevar a cabo durante el ciclo de vida del software se agrupan en cinco procesos principales, ocho procesos de soporte y cuatro procesos generales o de organización.

En la siguiente imagen vemos de forma más esquemática cada uno de los procesos indicados y el nombre con el que se define cada uno de ellos.

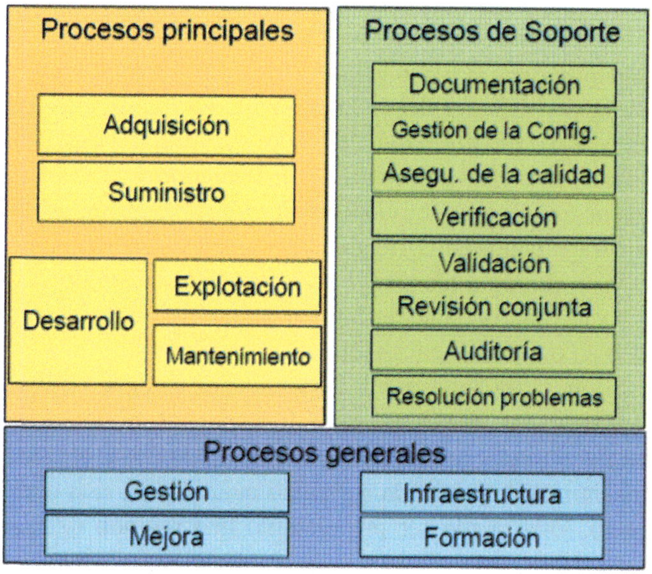

Procesos principales

- *Adquisición:* referido a las actividades y tareas que el comprador, el cliente o bien el usuario realizan para adquirir un sistema, un servicio o un producto software.
- *Suministro:* relacionado con las actividades y tareas del suministrador, entre las que se incluyen por ejemplo la preparación de contratos como respuesta a una petición de un comprador de un determinado producto de software.
- *Desarrollo:* actividades y tareas orientadas a la obtención de un producto software: actividades de análisis, de diseño, de codificación, de pruebas, de integración y de implantación entre otras.
- *Explotación:* se planea cómo se va a explotar el software y el tipo de soporte que se va a ofrecer a los usuarios que lo utilicen.
- *Mantenimiento:* actividades entre las que se incluye la modificación del producto, tanto del código como de la documentación o modificaciones debidas a errores o a la necesidad de adaptaciones del propio software.

Procesos de soporte

- *Documentación:* registran la información producida por un proceso o por una de las actividades del ciclo de vida.
- *Gestión de la configuración:* se refiere a las actividades que controlan las modificaciones y las versiones de los elementos.
- *Asegurar la calidad:* actividades dirigidas a asegurar que los productos de software cumplen correctamente con los requisitos especificados y además se ajustan a los planes previamente establecidos.
- *Verificación:* actividades encaminadas a determinar si el software funciona bien o si funciona con errores o problemas.
- *Validación:* actividades para determinar esta vez si el producto cumple con los requisitos previstos.
- *Revisión conjunta:* actividades que permiten revisar el estado de los productos en una determinada actividad del ciclo de vida o en una fase del proyecto. Esta puede ser por ejemplo una reunión del equipo creador y el desarrollo del software para revisar el trabajo realizado hasta ese momento.
- *Auditorías:* actividades enfocadas a verificar la consecución de los objetivos propuestos como los requisitos o si se ha cumplido el contrato.
- *Resolución de problemas:* actividades para analizar o resolver los problemas o disconformidades con los requisitos o con el contrato que hayan surgido durante el desarrollo, la explotación o el mantenimiento del software.

Procesos generales o de organización

- *Gestión:* actividades relacionadas con la planificación, el seguimiento, el control, la revisión o la evaluación del software.
- *Infraestructura:* actividades enfocadas a determinar la infraestructura necesaria para llevar a cabo un proceso, incluyendo las condiciones que tiene que tener el hardware, el software o las instalaciones.
- *Mejora:* actividades para valorar, medir, controlar, evaluar y perfeccionar todos los procesos del ciclo de vida del software.
- *Formación:* se establece por este proceso un plan formativo para los empleados de la organización de modo que se realizan charlas y talleres para que todos puedan conocer el funcionamiento del software.

En este sentido también nos referimos a los modelos de procesos, que no son sino representaciones más abstractas de un proceso de software; estrategias de desarrollo que ayudan a organizar las diferentes actividades del ciclo de vida o modelos que facilitan el control y la coordinación del proyecto.

Entre los *modelos de procesos de software* encontramos los siguientes:

- *Modelo en cascada,* también llamado de *ciclo de vida básico o modelo lineal-secuencial,* el cual divide el proceso de desarrollo en un conjunto de etapas secuenciales, de modo que una etapa no puede empezar hasta que termine la otra. Cada etapa genera una documentación determinada que son los productos principales en cada una de las etapas. Este modelo ha sido la base para otros muchos modelos posteriores.

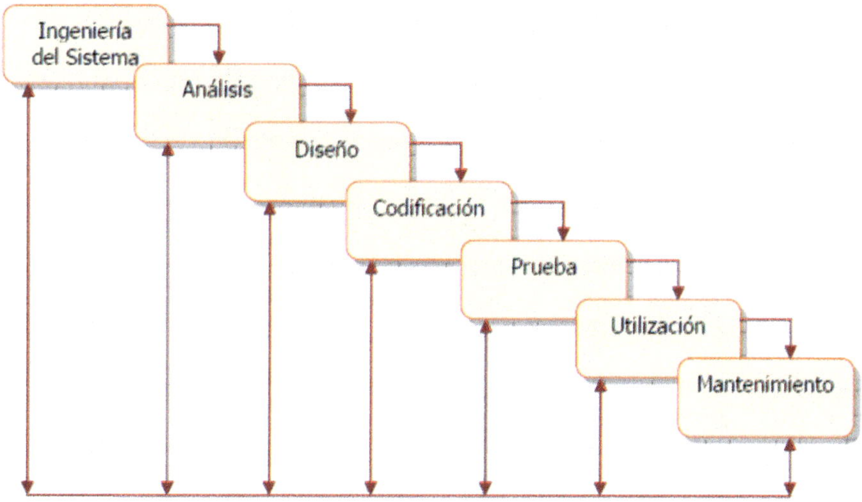

- *Modelo evolutivo*, que es un modelo que impulsa un mayor acercamiento al cliente del software, puesto que puede hacerse una idea de cómo evoluciona el producto gracias a un prototipo, una versión limitada del producto en desarrollo que permite probarlo en situaciones reales y explorar su uso y adecuación, de modo que se conozcan mejor los requisitos del sistema (qué es lo que quiere el cliente).

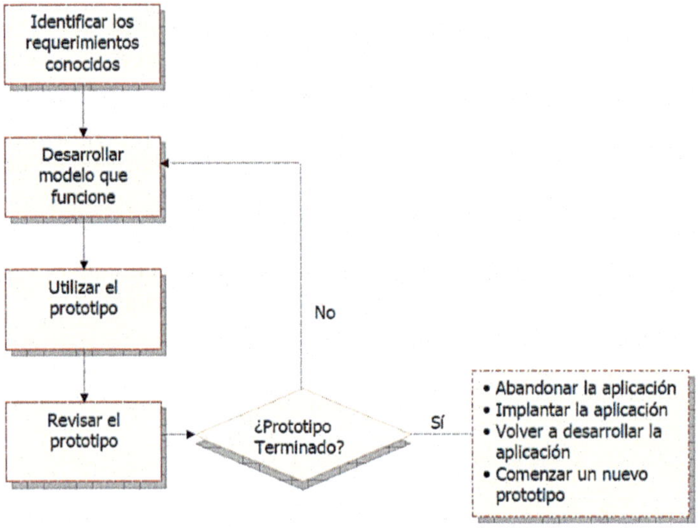

• *Modelo en espiral*, que combina el modelo en cascada con el modelo evolutivo, y muestra un proceso de desarrollo evolutivo formado por un conjunto de vueltas de espiral, en las cuales cada ciclo representa una fase del proyecto de software e incluye cuatro *sectores* por ciclo: defini-

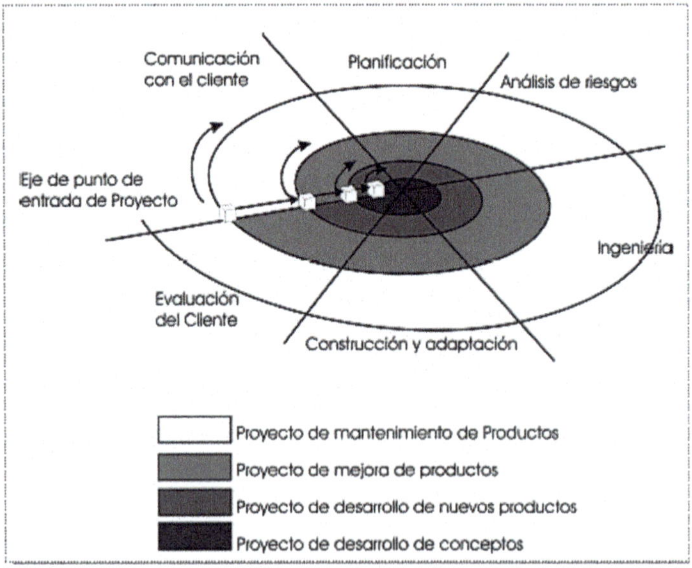

ción de objetivos, evaluación/ reducción de riesgos, desarrollo/ validación y planificación. En este modelo la evaluación después de cada fase permite hacer cambios y considera además los factores de riesgo dentro del desarrollo del software.

- *Otros modelos:* DRA (*Desarrollo Rápido de Aplicaciones*), espiral WINWIN, desarrollo concurrente, modelo fuente, modelo pinball, etc.

En el ciclo de vida del software podemos distinguir entonces las siguientes *etapas:*

- *Definición de objetivos.* Especificar los objetivos y posibles resultados del proyecto y su papel en la estrategia global del desarrollo del software.
- *Análisis de requisitos y viabilidad.* Recopilar y examinar las condiciones impuestas por el cliente y examinar las restricciones que se pueden aplicar.

- *Diseño general.* Enumerar los requisitos generales de la arquitectura de la aplicación a desarrollar.
- *Diseño en detalle.* Definir de forma precisa cada subconjunto de la aplicación.
- *Programación e implementación.* Trasladar el software a un lenguaje de programación para crear las funciones previamente determinadas en la fase de diseño.
- *Prueba de unidad.* Probar cada uno de los subconjuntos de la aplicación y garantizar que se implementaron de acuerdo a las especificaciones.
- *Integración.* Garantizar que los módulos se integren correctamente con la aplicación.
- *Prueba beta o prueba de validación.* Garantizar que el software cumple con las especificaciones originales.
- *Documentación.* Desarrollar de forma escrita toda la información necesaria para los usuarios del software y para posibles desarrollos futuros del mismo.
- *Implantación.* Instalar el software en el entorno real de uso.
- *Mantenimiento.* Asegurar el mantenimiento correctivo y las actualizaciones del software.

4.2. Clasificación del software

Hay muchas *clasificaciones* del software, pero entre todas la más común divide el software en:

- *Software de sistema,* definido como el conjunto de programas o rutinas que facilitan el uso del ordenador, permitiendo administrar y asignar los recursos del sistema.
  Poporciona interfaces, herramientas y utilidades al usuario para que éste realice un buen mantenimiento del sistema y lo utilice adecuadamente. Incluye herramientas como sistemas operativos, programas de diagnóstico de problemas, de reparación o de optimización de equipos. Estas herramientas se pueden utilizar en los llamados entornos operativos.
- *Software de aplicación,* definido como los programas que permiten llevar a cabo una o varias tareas específicas al usuario.
- *Software de programación,* definido como el conjunto de herramientas que permiten al programador desarrollar programas informáticos, tales como los editores de texto, los compiladores o los enlazadores, todos dentro de los entornos de desarrollo integrados.

Para crear los programas (software) en dichos entornos se utilizan los lenguajes de programación, que no son más que una anotación concreta para escribir los programas que se construyen mediante un conjunto de reglas a las que se aplica un alfabeto particular, el cual contiene una serie de símbolos asociados a cada lenguaje y que convierten esos símbolos en instrucciones o en órdenes para el programa.

Entre los lenguajes de programación más utilizados para la creación de software están el Basic, el Pascal, el Javascript o el PHP entre otros.

Existen varias clasificaciones de los lenguajes. Una de ellas distingue entre lenguajes de bajo nivel, referidos a aquellos que son fáciles de procesar, ocupan poca memoria y son difíciles de programar para usuarios inexpertos, y lenguajes de alto nivel, cuyas características principales son la dificultad de acceso al hardware, que ocupan mucha memoria y son más fáciles de programar para el usuario.

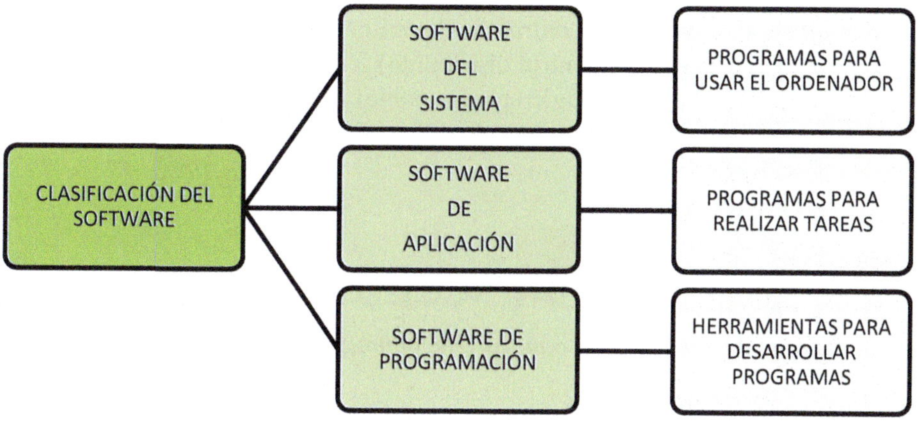

El software tiene en nuestros días un doble papel: es un producto y a la vez es un vehículo que permite la entrega de ese producto. El software actúa como el *cerebro* del ordenador desde donde gestiona, opera y se comunica con el resto de espacios del sistema y donde puede crear y controlar una serie de programas asociados al mismo. Por ello se ha convertido con el paso del tiempo en el elemento clave del desarrollo y evolución de los sistemas y productos informáticos.

4.2.1. Según el propósito

Se refiere en este caso al software de aplicación, que es aquel que permite a los usuarios llevar a cabo una o varias tareas específicas en cualquier campo o actividad, pero especialmente en el sector de los negocios. Este software incluye, entre otros *programas:*

- *Aplicaciones ofimáticas*
  - » Office
  - » OpenOffice
  - » LibreOffice
- *Software de tipo educativo*
  - » VirtualLab
  - » Modellus
  - » Clic 3.0
- *Software orientado a la empresa*
  - » Contaplus
  - » Nominaplus
  - » Microsoft Project
- *Aplicaciones para el control de sistemas*
  - » DCS (Sistema de control distribuido)
  - » PLC (Controlador lógico programable)
- *Aplicaciones para la automatización industrial*
  - » STEP-7
  - » GMAO
- *Bases de datos*
  - » Access
  - » MySQL
- *Software relacionado con las telecomunicaciones como Internet y toda su estructura lógica*
  - » Freenet
  - » Apache HTTP Server
  - » Zone Alarm
- *Videojuegos*
  - » Call of Duty
  - » MineCraft
  - » League of Legends

- *Software orientado a la medicina*
  - » Salux
  - » Debian Med
  - » DR Profiler

- *Software de cálculo numérico o simbólico*
  - » Scilab
  - » FreeMat
- *Software de diseño asistido*
  - » CAD
  - » LibreCAD
- *Software de control numérico*
  - » CAM
  - » Mach 3

4.2.2. Según las funciones

Encontramos aquí el llamado *software de programación*, un conjunto de herramientas que permiten al programador desarrollar aplicaciones y software de tipo informático, usando distintas alternativas y lenguajes de programación de forma eminentemente práctica.

El *software de programación* incluye:

- *Editores de texto*
  - » Notepad
  - » Simple Note
- *Compiladores*
  - » Fortran
  - » Cobol
- *Intérpretes*
  - » Perl
  - » Mathlab
  - » Java
- *Enlazadores*
  - » Oracle
  - » Circle
- *Depuradores*
  - » Winpdb
  - » SoftICE

- *Entornos de Desarrollo Integrados (IDE),* que agrupan otras herramientas en un entorno totalmente visual, para que el programador no tenga que introducir múltiples comandos para compilar, interpretar o depurar.

Normalmente estos entornos tienen una GUI (interfaz gráfica avanzada de usuario).

» NetBeans
» Visual Basic

4.2.3. Según el modo de ejecución

El tipo de software referido a esta clasificación es el llamado software del sistema, cuyo objetivo principal es desvincular tanto a usuario como a programador de los detalles del sistema informático que estén usando, aislándolo de este modo para considerar las características internas del sistema como la memoria, el sistema de discos, la configuración de puertos o el diseño de las comunicaciones así como elementos físicos como el monitor, la impresora o el teclado.

El software de sistema procura al usuario y al programador unas interfaces gráficas de alto nivel, controladores o drivers para todos o para la mayoría de dispositivos que se vayan agregando al sistema y otras herramientas y utilidades de apoyo que permiten el correcto funcionamiento y rendimiento de todo el sistema ya instalado y configurado.

Entre estas *herramientas y utilidades* destacan:

- *Sistemas operativos*
  » Windows
  » Macintosh
  » Ubuntu
  » Mandriva
  » OpenSuse
- *Drivers de dispositivos.* Aquí mencionamos que existen utilidades como el Plug and Play de sistemas Windows que permiten un rápido reconocimiento e instalación del controlador del dispositivo, aunque si no fuera así (si el sistema operativo no reconociera el dispositivo) es recomendable acudir a la web del fabricante del componente, buscar el modelo del dispositivo y su controlador correspondiente e instalarlo manualmente siguiendo las instrucciones de instalación necesarias.
- *Herramientas de diagnóstico del sistema*
  » Everest Ultimate Edition
  » Hot CPU Tester Pro
  » SiSoftware Sandra

- *Herramientas de optimización del sistema*
  - » CCleaner
  - » TuneUp Utilities
  - » Glary Utilities

- *Servidores de datos*
- *Otras utilidades comunes*, como pueden ser programas de reproducción de audio y de vídeo, programas de retoque fotográfico, programas de descompresión de archivos, etc.
  - » VLC
  - » Real Player
  - » GIMP
  - » WinRar

Para instalar este tipo de programas (que pueden tener también versiones portables para guardarlas en otro dispositivo y llevarlas siempre consigo) debe hacerse doble clic en al archivo ejecutable de la utilidad identificado con la extensión .exe.

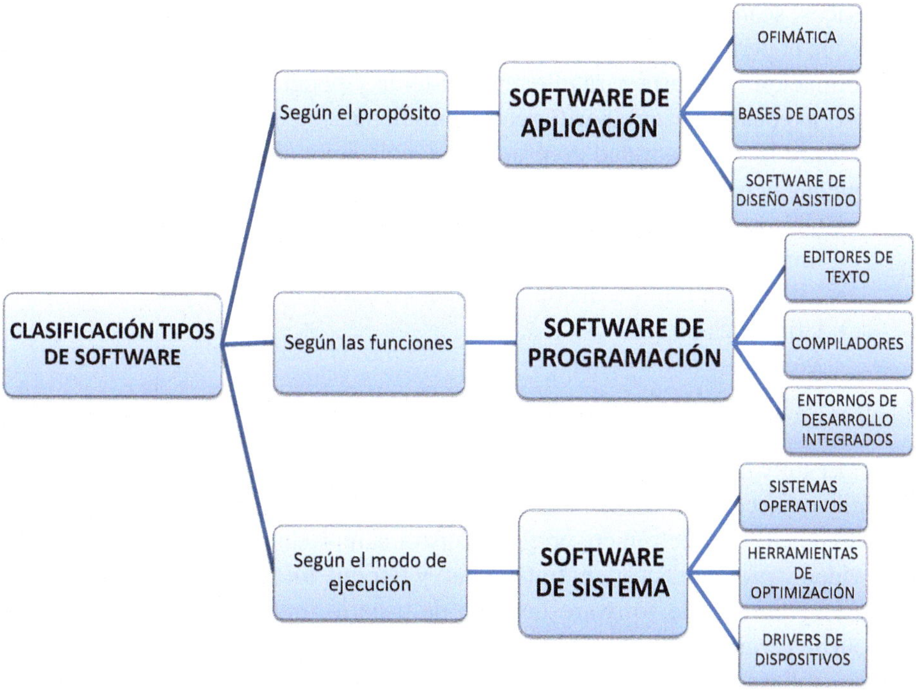

Muy importante: Siempre es conveniente realizar una revisión previa del archivo ejecutable o de la utilidad que queremos instalar en nuestro equipo pasando el antivirus (que debe estar siempre actualizado) o cualquier otro programa detector de amenazas por si el programa viniera con algún regalito de mal gusto que entre en nuestro sistema y pueda provocar males mayores no deseados.

4.3. Software de sistema y software de usuario

Aunque tanto el software de sistema y el software de usuario comparten su naturaleza (son software), lo que les diferencia son sus objetivos y finalidades. El software del sistema permite la gestión y la utilización de éste mientras que el software de usuario satisface las necesidades del usuario en cuanto a productividad, ocio, ofimática o seguridad del equipo.

El software de sistema (o software de base) son los programas que interactúan de forma directa con el sistema operativo, tales como programas para la gestión de usuarios, administración de dispositivos, etc. También pueden ser herramientas de programación con las que se desarrollan aplicaciones, o los controladores de dispositivos (drivers), que son códigos que permiten utilizar los periféricos, sean del tipo que sean, con el sistema operativo. Así los drivers permiten que el periférico entienda que queremos utilizar la impresora e instala toda la información necesaria para ello en el sistema y poder de esta forma utilizar la impresora o cualquier otro periférico sin problemas.

Entre la gran cantidad de programas, aplicaciones o herramientas de todo tipo que pueden considerarse *software de sistema* encontramos las siguientes:

- Gestores de arranque o bootloaders (GRUB- Linux y NTLDR- Windows)
- Entornos de escritorio (Windows, Mac, GNU, KDE)
- Librerías o bibliotecas de utilidades (DirectX, OpenGL)
- Utilidades de red
- Monitores del sistema
- Herramientas de información del sistema
- Herramientas de configuración de elementos concretos del sistema

El software de usuario (o de aplicación) realiza por su parte muchas funciones útiles o necesarias para el usuario, como pueden ser las tareas ofimáticas, los clientes de correo electrónico, programas para la reproducción y edición de audio o de vídeo y programas para el tratamiento y retoque fotográfico entre otros.

Hay un tipo de software llamado de usuario final que es aquel software que puede ser adaptado para unas necesidades muy concretas para las cuales se pueden utilizar tanto las macros de algunos programas, las plantillas que vienen con algunas aplicaciones o los filtros de aplicaciones como el correo electrónico. Este tipo de software permite aumentar la funcionalidad del software de aplicaciones a través de las herramientas proporcionadas por ese mismo software, ofreciendo al usuario con ciertos conocimientos informáticos avanzados la posibilidad de crear nuevos programas o añadir nuevas opciones dentro del software ya creado.

SOFTWARE DE SISTEMA ---------------	**Programas que interactúan con el sistema operativo**
SOFTWARE DE USUARIO --------------	**Programas quefacilitan al usuario realizar tareas**
SOFTWARE DE USUARIO FINAL -------	**Añaden nuevas funcionalidades al programa**

4.3.1. Funciones y características

El software es un conjunto de instrucciones que los ordenadores suelen emplear para manipular e interpretar los datos que contienen. Sin este software el ordenador es simplemente una gran cantidad de dispositivos que no pueden ser utilizados. Es el software el que indica a la máquina qué quiere hacer el usuario. Con la instalación y ejecución del software es como si de repente la máquina recibiera una licenciatura instantánea de conocimientos que le proporcionan la información para saber cómo debe funcionar.

El software se entiende más entonces como un conjunto de programas, de documentos, de procedimientos y de rutinas asociadas con la operatividad de equipos informáticos. Dicho de otro modo el software es el conjunto de elementos que permiten el correcto funcionamiento del ordenador. Gracias al software la máquina interpreta lo que el usuario quiere, espera y necesita en ese preciso momento sin otro fin salvo permitir una utilización más cómoda y efectiva del ordenador al usuario que lo está utilizando.

Haciendo un paralelismo podemos decir que el software es como el agua de una pecera que es imprescindible para que los peces puedan sobrevivir. El agua además identifica que ese objeto representa una pecera donde hay peces. Una pecera sin agua es incomprensible al igual que lo es un ordenador sin el software. En ambos casos sin el elemento principal son simplemente un conjunto de cosas que no tienen vida ni pueden funcionar. Por eso es tan importante el software porque no sólo hace funcionar a la máquina sino que también traduce en su código particular lo que el propio usuario quiere o espera de ella.

El software es entonces ese conjunto de programas, documentos, instrucciones, órdenes, procedimientos y rutinas que están asociados a equipos informáticos. Comúnmente y de forma genérica se denomina software a cualquier programa informático. El software es el que asegura que el sistema, el programa o una instrucción determinada cumplan fielmente su objetivo, que se opere con eficiencia, que sea comprensible (contenga manuales y documentación adecuada) y además que sea fácil de utilizar.

El software se identifica con ese conjunto de instrucciones individuales que se envían al procesador para que éste pueda procesar correctamente ciertos datos y pueda generar así los resultados esperados. Además el hardware (o equipamiento físico) no puede funcionar sin el software, ya que éste último es el que contiene las instrucciones adecuadas para que el hardware funcione.

Esto en cuanto al software del sistema. En cuanto al software de usuario hacemos mención a las siguientes *características* del mismo:

- El software de usuario final puede resolver problemas de distinto tipo al usuario, desde la mejora del trabajo hasta ofrecer un soporte técnico adecuado.

  Su funcionalidad está más en relación a la lógica de la tarea a realizar por el usuario que con el hardware del sistema o con los dispositivos con los que está interactuando el usuario, los cuales son gestionados directamente por el sistema operativo.

Generalmente los programas de software de usuario final realizan una tarea o actividad concreta como por ejemplo la grabación de datos en otros soportes, la manipulación de imágenes, la descompresión de archivos o la navegación a través de la Red.

Son tantas y tantas las tareas que ofrecen que muchos autores han intentado crear una taxonomía o clasificación de programas para usuario final. Entre otras, una posible *clasificación* para este software de usuario final puede ser la siguiente:

» *Software de infraestructura empresarial,* con programas como las bases de datos que permiten registrar y almacenar un gran volumen de datos; software de flujos del proceso de negocio, que son aquellos que ayudan a gestionar los productos o servicios que ofrece una empresa, o software de sistemas de información geográfica (geolocalizadores, GPS y otros) que pueden, entre otras tareas, conocer la posición exacta de los vehículos de una empresa de reparto.

» *Software de acceso a contenidos,* con el cual se puede acceder a información tanto textual como multimedia. Es el caso por ejemplo de navegadores web (Internet Explorer, Mozilla Firefox, Google Chrome u Ópera entre otros) para acceder y consultar en Internet o decenas de programas de reproducción multimedia. En esta categoría también se suelen incluir los salvapantallas (animados o no) y los programas de entretenimiento y de ocio como los juegos.

» *Software educativo,* que como su nombre indica es aquel que tiene una finalidad educativa. En esta categoría están por ejemplo el software para la gestión de las aulas escolares, el software de aprendizaje o el de consultas como las antiguas enciclopedias, quizá hoy eclipsadas por páginas web como la Wikipedia y el resto de pedias de la Red (Madridpedia, Frikipedia, etc.), aunque existan enciclopedias al estilo antiguo como Encarta.

» *Software de simulación,* donde se encuadran todos los juegos de simulación como los de motor o los aeronáuticos, aunque también existe una amplia gama de simuladores científicos que se utilizan en la investigación como los que se pueden consultar en la siguiente web: http://phet.colorado.edu/_m/es/

» *Software de desarrollo multimedia,* aquel referido sobre todo a la gestión y al tratamiento de imágenes y a la creación y edición de contenidos multimedia como vídeos, sonidos, imágenes, etc. Este es uno de

SOFTWARE DE USUARIO FINAL

- Software empresarial
- Software de contenidos
- Software educativo
- Software de simulación
- Software de desarrollo multimedia
- Software de ingeniería
- Software de sistemas de información
- Aplicaciones a medida

los grandes campos de futuro a nivel tecnológico gracias a la influencia de este tipo de programas en los medios de comunicación y a que muchas de las técnicas desarrolladas en este tipo de software se están aplicando con mucho éxito en la industria cinematográfica y también en otro tipo de industrias como la del libro (Wonderbook, por ejemplo).

» *Software de ingeniería,* que facilita tanto la creación, el diseño y desarrollo gráfico para ingenieros a través de los conocidos programas CAD (*Computer Aid Design* o *Diseño Asistido por Ordenador*), utilizados tanto por ingenieros mecánicos como por ingenieros aeronáuticos, industriales o arquitectos. También se incluyen en esta categoría el software de creación de programas de software para desarrolladores entre los cuales se encuadran algunos elementos que ya hemos mencionado con anterioridad como los compiladores.

» *Software de sistemas de información,* que es un subconjunto del software llamado software integrado, y al que pertenecen por ejemplo los paquetes ofimáticos, que cuentan con infraestructura propia y una manera de interactuar con el usuario bastante homogénea. Esto facilita que podamos utilizar otros programas dentro de una misma suite de manera sencilla, puesto que tanto los menús como la manera en la que se usan es parecida.

Un ejemplo de esto es el uso de iconos similares en todos los programas o la integración de unos elementos con otros como puede ser la posibilidad de incluir una hoja de cálculo en el procesador de textos.

» *Aplicaciones a medida,* que son programas sobre todo del ámbito empresarial, que se suelen diseñar y desarrollar con los requerimientos y condiciones de un usuario específico y no para el gran público. Como ejemplo pueden ser programas de facturación empresarial o programas que puedan ser utilizados por el personal de un hospital.

Es un tipo de software concreto que se crea para un usuario especial que es quien determina todos los elementos, componentes y opciones del programa.

Tomando como base que el software es la parte intangible que realiza tareas determinadas para las que en principio fueron asignadas, enumerar las características del software es una tarea bastante amplia, ya que dependiendo de la finalidad de dicho software las características cambian.

A pesar de ello podemos citar entre las *características* comunes del software las siguientes:

- Una copia del software es idéntica al original
- Se puede desarrollar software a medida dependiendo de las necesidades
- El software se puede adaptar y reutilizar
- El software se desarrolla utilizando lenguajes de programación

Se podría señalar al sistema operativo como un software especial porque realiza las funciones básicas del sistema informático y porque permite al resto de aplicaciones un funcionamiento normalizado.

Muchos engloban dentro del sistema operativo otro tipo de aplicaciones como el navegador, el explorador o el escritorio, pero no deben considerarse como parte del sistema operativo, puesto que el sistema operativo es sólo lo que se denomina núcleo o kernel.

En distribuciones Linux es fácil cambiar de gestor de escritorio durante la instalación del sistema. El kernel o núcleo seguirá funcionando de la misma forma, con otra apariencia y con las aplicaciones diseñadas para el gestor de escritorio deseado. Con esto lo que nos quiere decir es que el escritorio puede ser totalmente personalizado.

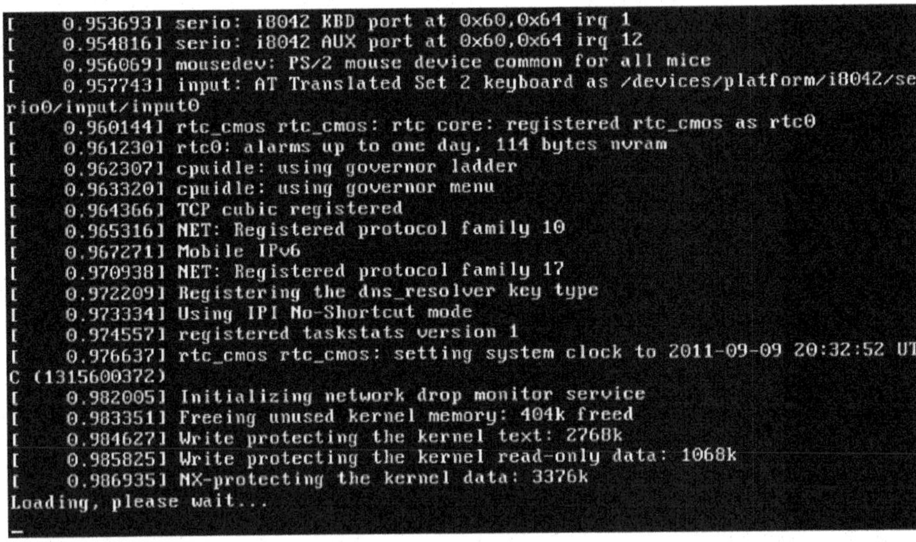

Por eso, y considerando al sistema operativo un tipo especial de software, podemos decir que las *funciones* principales de éste son las siguientes:

- *Gestionar archivos y funcionar como almacenamiento secundario.* Dado que la memoria principal se puede utilizar totalmente y se convierte en un bien escaso dentro del sistema operativo, lo cierto es que hace falta un buen sistema de gestión que tome en consideración el almacenamiento secundario. Entre las funciones adscritas a la gestión de archivos están la creación, el acceso o borrado de un contenido determinado, el registro de la ubicación física de los archivos, la asignación de espacio y la verificación de que los datos se hayan guardado correctamente.

  El sistema operativo puede crear, eliminar y manipular archivos y directorios y también puede hacer copias de seguridad de dichos archivos.
- *Gestionar los procesos del sistema.* Se consideran procesos a todas las tareas que se ejecutan en el sistema en un momento determinado. Debemos saber cómo se puede gestionar la cantidad de memoria que consumen los dispositivos de E/S y los ficheros con los que trabajan. No todos los procesos se consideran igual de prioritarios para el sistema operativo, quien debe seleccionar esas prioridades a través de algoritmos. El sistema operativo se encarga de crear, parar, reanudar, comunicar o poner fin a todos los procesos que estén en activo.

- *Proteger el sistema.* El sistema operativo debe incluir tanto herramientas como adecuados mecanismos de protección del sistema para accesos no autorizados o peligrosos, además de evitar que los procesos accedan a recursos que no son los que deben utilizar, evitando así errores, funcionamientos indebidos del sistema o incluso virus.
- *Gestionar la memoria y la entrada/salida de datos.* El sistema operativo organizará y distribuirá las partes de la memoria que quedan asignadas a cada uno de los procesos y visualizará cuáles de ellas quedan libres. Además debe tener un cierto control sobre los procesos que se deben cargar en la memoria cuando así lo permita o lo necesite el sistema.

  En cuanto a la E/S de datos el sistema operativo gestiona las interrupciones que se dan entre los dispositivos y el almacenamiento temporal en búferes o cachés.
- *Gestión de las comunicaciones.* El sistema operativo debe gestionar tanto las aplicaciones que corran localmente como todas aquellas que corran de forma remota.
- *Comunicación con la interfaz del usuario y los programas del sistema.* El sistema operativo se encarga de la interfaz del usuario, generalmente de la interfaz gráfica, aunque a veces sólo ofrece una interfaz de comandos.

  Es también a través del sistema operativo el medio con el que ofrece de forma accesoria y/o complementaria un conjunto de procesos que realizan funciones de comunicación, informando por ejemplo sobre el estado del sistema o permitiendo la gestión de archivos.

FUNCIONES DEL SISTEMA OPERATIVO	
	Gestionar archivos
	Almacenamiento secundario
	Controlar procesos
	Proteger el sistema
	Gestionar la memoria
	Gestionar la E/S de datos
	Gestionar las comunicaciones
	Comunicarse con la interfaz de usuario y con los programas del sistema

4.4. Interfaces de usuario

En este punto vamos a indicar qué es la interfaz gráfica, sus características principales y los tipos más comunes de interfaces.

4.4.1. Definiciones de interfaz

En el año 1995 Lewis y Rieman definen las interfaces hombre-máquina como aquellas que incluyen elementos como menús, ventanas, teclado, ratón, los *beeps* y algunos otros sonidos que el ordenador hace, y en general todos aquellos canales por los cuales se permite la comunicación entre el hombre y la máquina.

La interfaz de usuario es el medio que permite la comunicación hombre-máquina u hombre-ordenador, y comprende todos los puntos de contacto entre el usuario y la máquina u ordenador.

Las interfaces básicas de usuario recogen la definición antes apuntada, y son todas aquellas que incluyen elementos como menús, ventanas, teclado, ratón y todos los demás canales y medios que permiten una comunicación fluida y comprensible entre el hombre y la máquina.

El principal objetivo de la interfaz de usuario es permitir la correcta comunicación del hombre con la máquina utilizando cualquier dispositivo, y que esta comunicación sea lo más fácil y cómoda para el usuario. La interfaz es la que media entre ambos, la que facilita su comunicación, la interacción y la comprensión entre ellos, entre dos sistemas de naturaleza diferente como son el ser humano y una máquina como el ordenador. Esto implica además que deben tener un lenguaje común, comprensible para los dos, porque sin ese lenguaje no hay comunicación posible, ya que cada elemento habla dos lenguajes totalmente diferentes, el verbal-icónico del hombre y el lenguaje binario en el caso del ordenador. Por eso es necesario un lenguaje que ponga en comunicación a estos elemen-

tos distintos y les permita conocerse y relacionarse entre ellos de la manera más cómoda y amigable posible.

De forma más técnica podría definirse a la interfaz de usuario como el conjunto de componentes empleados por los usuarios para comunicarse con los ordenadores. El usuario dirige el funcionamiento de las máquinas mediante las entradas, órdenes o instrucciones que se insertan en las máquinas a través de algunos dispositivos como el teclado. Estas entradas se convierten en señales electrónicas que pueden ser así procesadas por la máquina, siendo transmitidas a través de circuitos llamados buses, y coordinadas y controladas por la unidad de proceso que utiliza el soporte lógico llamado sistema operativo. Tras la comunicación de entradas es la *unidad central de procesamiento* (CPU) la que comunica los resultados mediante nuevas señales electrónicas llamadas salidas que son transmitidas a través de los buses o por otros dispositivos de salida como por ejemplo una impresora o un monitor.

Resumiendo podemos decir que un interfaz de software es la parte de una aplicación que el usuario está viendo y con la cual está interactuando. Ésta se relaciona con la arquitectura, la estructura y el código que hace el trabajo del software pero no se confunde con ellos. La interfaz suele incluir todas las pantallas, las ventanas, los controles, los menús, la ayuda en línea y la documentación necesaria para el usuario. Cualquier cosa con la que el usuario interactúa es parte de la interfaz. Una interfaz inteligente es fácil de aprender y aún más de usar, permitiendo a cualquier usuario realizar su trabajo o desempeñar una tarea a su estilo y manera sin necesidad de ajustarse al software. Una interfaz inteligente se diseña pensando en la gente que la va a utilizar.

4.4.2. Características de una interfaz

Entre las *características* más notables de una interfaz destacamos las siguientes:

- Facilidad de comprensión y de uso.
- Diseño ergonómico (utilización de menús, de barras de herramientas o iconos).
- Existencia de herramientas de ayuda y de consulta.
- Tratamiento adecuado de los errores.
- Concisión y claridad en la presentación de la interfaz.
- Familiaridad con otros elementos ya utilizados (etiquetas, ventanas, pestañas).
- Buena capacidad de respuesta.
- Los usuarios ven en la pantalla los gráficos y textos tal y como saldrían impresos.
- Permite la transmisión de información entre diferentes programas.
- Se pueden manipular directamente en la pantalla los objetos y los gráficos.
- Proporciona una respuesta visual a las acciones que solicita el usuario.
- Permite la personalización tanto de la interfaz como de las interacciones con la máquina.
- Proporciona flexibilidad en el uso de los dispositivos de entrada como el teclado o el ratón.
- Sigue el paradigma de la interacción objeto – acción.

Entre todas estas características resaltamos sobre todo aquella que indica que las interfaces no sólo presentan la información y los objetos en la pantalla sino que también permite manipularlos.

Para usar una interfaz todos los usuarios deben conocer una serie de conceptos relacionados con la interfaz como los referidos a la organización del sistema operativo (carpetas, ficheros, directorios), los iconos en la pantalla, lo que representa cada uno de ellos y sus efectos al tocarlos o hacer clic sobre ellos, los elementos básicos de una ventana o cómo se usa el ratón, el teclado y el resto de controles de la interfaz.

Las interfaces de usuario usan el estilo objeto –acción en contraposición al acción– objeto de las interfaces de menú. Es el usuario quien selecciona uno de los objetos y la acción a realizar sobre dicho objeto. Son los objetos entonces el principal punto de atención del usuario, lo que está más próximo a nuestro modelo mental y es más natural.

INTERFACES DE USUARIO ----------------------------> Modelo objeto – acción

INTERFACES DE MENÚ Y OTRAS ---------------------> Modelo acción – objeto

A la hora de diseñar las interfaces de usuario debemos tener en cuenta una serie de factores humanos como son las habilidades cognitivas y de percepción de las personas y la adaptación de los programas y del software a cada una de ellas y sus necesidades. Por todo ello una de las ventajas más importantes que proporciona una interfaz es reducir la dependencia de las personas de su propia memoria, dejar a un lado recuerdos innecesarios (como por ejemplo la información aparecida en una ventana anterior) o repetir operaciones ya realizadas con anterioridad como la introducción de un mismo dato varias veces.

Cada persona tiene unas habilidades distintas a las de la máquina, la cual debe utilizar las suyas propias para soslayar aquellas de las personas como por ejemplo la escasa capacidad de memoria a corto plazo.

También hay otros aspectos interesantes a considerar en ese *proceso* de diseño e interacción hombre – máquina:

- *Velocidad de aprendizaje.* Se espera y se pretende que el usuario comience a utilizar el sistema con todas sus posibilidades lo antes posible.

- *Velocidad de respuesta.* Se debe considerar el tiempo máximo que el sistema necesita para realizar una operación.
- *Número de errores del usuario.* Aquí prestaremos atención al número de errores que comete el usuario al utilizar el sistema. Esto puede indicarnos la validez del mismo o en qué ámbitos sería conveniente mejorar la propia interfaz.
- *Retención.* Debemos estudiar cuánto recuerda el usuario sobre la utilización del sistema en distintos periodos de tiempo.
- *Satisfacción.* Mide el grado de comodidad o disconformidad del usuario con el sistema.

Asimismo hay más *aspectos* a tener en cuenta:

- *Según la adecuación de la interfaz*
  - » *Características físicas.* Debemos considerar en este sentido las especificidades físicas de cada persona y sus gustos. Hay personas a las que no les gustan los teclados o los prefieren ergonómicos, personas que prefieren ratones inalámbricos en vez de usar aquellos con conexión USB. Y además es importante adaptar cada sistema a algunas necesidades especiales: personas con deficiencias visuales (lupa, narrador) o personas con otro tipo de discapacidades (la interfaz debe ser accesible para cualquier usuario con necesidades especiales).
  - » *Ambiente.* Consideramos ambiente como el lugar donde se va a utilizar el sistema. La interfaz debe adecuarse también al lugar donde se va a utilizar el sistema.
  - » *Visibilidad.* Tenemos que tener en cuenta la iluminación del lugar para poder regular correctamente los brillos y modificar los contrastes en la pantalla para que podamos ver sin problemas todos los contenidos que aparecen en la interfaz.

» *Personalidad.* Aquí se pueden tener en cuenta ciertas características socio-demográficas como la edad, el nivel de estudios (interfaces para usuarios normales e interfaces para desarrolladores), el nivel socio-económico, etc.

» *Cultura.* En un país determinado o en ciertas regiones pueden regirse por otro tipo de menús, de ventanas o de pantallas, por ello es importante tener en cuenta si el sistema se va a comercializar a nivel internacional o si por el contrario está pensado para una región geográfica concreta.

En ese sentido podemos mencionar muchas de las distribuciones Linux que han aparecido adaptadas a un lugar concreto, como por ejemplo la distro Asturix (Asturias), Guadalinex (Andalucía), MAX (Madrid).

Y luego según la *función y la motivación* para la que se diseña y se desarrolla la interfaz éstas puede ser:

- *Sistemas vitales,* en los que el sistema es necesario para una actividad concreta y del que dependen muchas personas, como por ejemplo un sistema para reactores nucleares, que trabajan en tiempo real y son de suma importancia para la seguridad de la planta nuclear en este caso concreto.
- *Sistemas comerciales e industriales,* que se diseñan para aumentar las ventas y mejorar la productividad en las empresas. Estos sistemas pueden afectar a los trabajadores y a los directivos de una empresa determinada.
- *Sistemas de oficina, de hogar y de ocio,* en los que se debe considerar el mercado y el sector o grupo a los que están dirigidos y deben ser totalmente amigables para satisfacer al cliente.

  Los programas de oficina por su parte deben facilitar la realización de tareas administrativas y cálculos económicos diversos, al igual que los videojuegos deben ser de calidad, con gráficos atractivos y con un argumento detrás que debe captar el interés del jugador, el cual debe recrearse y sentirse un personaje o protagonista más del juego.
- *Sistemas de investigación,* los cuales realizan tareas muy específicas de investigación y suelen imitar tanto el medio como las condiciones en las que se desenvuelve el usuario para probar el éxito o el fracaso de los sistemas creados.

4.4.3. Tipos de interfaces

Hay muchas clasificaciones de los tipos de interfaces atendiendo a algunas de sus *características*. Entre otras encontramos las siguientes:

Según el tipo de construcción:

- *Interfaces de hardware,* que consideran todos los dispositivos que se utilizan para ingresar, procesar y entregar datos, tales como el teclado, el ratón o el monitor, periféricos a través de los cuales podemos introducir datos y podemos obtener respuestas para ciertas órdenes o necesidades.
- *Interfaces de software,* que muestran la información sobre procesos y herramientas de control sobre lo que sucede en el monitor. Permiten un seguimiento de los procesos en ejecución del sistema y verifican qué es lo que está ocurriendo en el equipo en tiempo real.
- *Interfaces hardware-software,* que permite que la máquina entienda la orden o la instrucción y que a su vez el hombre pueda entender de forma legible el código binario de dicha instrucción. Es como una traducción gráfica del código binario para que sea comprensible por la mente humana.

Según el modo de interacción del usuario:

- *Interfaces alfanuméricas,* las cuales solo presentan texto y funcionan más bien como intérpretes de comandos.
- *Interfaces gráficas de usuario* (o GUI, Graphics User Interfaces), que permiten comunicarse con la máquina de forma más rápida e intuitiva representando de forma gráfica los elementos de control y de medida tales como menús, iconos o ventanas.

  Las GUI fueron originalmente desarrolladas por la empresa XEROX (1981, Sistema Xerox Star, sin mucho éxito comercial), y popularizadas por Apple Computer (el mismo Steve Jobs se basó en los trabajos de Xerox para crear Apple Lisa en 1983, tampoco sin mucho éxito, y Apple Macintosh en 1984, que obtuvo un tremendo éxito alentado en parte por una grandiosa y recordada campaña publicitaria).

  Los tres estilos más comunes de interfaces gráficas son WYSIWYG (What you see is what you get, traducido: *Lo que tú ves es lo que puedes conseguir*); la manipulación directa e interfaces basadas en iconos.

Un interfaz gráfico es una representación visual en la pantalla del ordenador de los programas, datos y objetos y de la interacción que se establece con todos ellos. La interfaz proporciona al usuario todas las herramientas que necesita para realizar las operaciones que desea realizar con el sistema más que una simple lista de opciones del sistema entre las cuales elegir.

Para usar una GUI los usuarios deben conocer ciertos *conceptos:*

» Organización del sistema (ficheros, carpetas, directorios, bibliotecas)
» Significado de los iconos que aparecen en la pantalla
» Significado de las acciones de los iconos (asociación icono-acción)
» Elementos básicos de una ventana (barra de título, maximizar, cerrar, barra de estado, etc.)
» Uso de los controles como el ratón o el teclado

Entre las *características* más importantes de una GUI están las siguientes:

» La GUI permite manipular objetos e información de la pantalla.
» Sigue el paradigma de la interacción objeto – acción.

» Permite la transferencia de información entre programas.
» Permite personalizar la interfaz y las interacciones.
» Permite a los usuarios ver los gráficos y los textos tal cual serían impresos.
» Provee elementos como menús y diálogos.
» Permite utilizar distintos controles gráficos para la selección/introducción de datos.

En contraposición a las GUI están las OOUI (*Object Oriented User Interfaces*, Interfaces orientadas a objetos), cuya finalidad es que el usuario sepa cómo utilizar las aplicaciones y ficheros necesarios para ampliar sus opciones en el sistema, proporcionando los materiales necesarios para realizar ciertas tareas.

Un ejemplo de lo que significan las interfaces OOUI es considerar un documento como un objeto sobre el cual se puedan insertar textos, gráficos o imágenes sin necesidad de utilizar programas distintos para realizar esas tareas sino que desde un mismo programa se puedan llevar a cabo varias tareas.

- *Interfaces táctiles,* en las cuales el usuario interacciona con el sistema a través de un dedo tocando en una pantalla sensible que cuenta con un panel de control gráfico por el cual se accede a las opciones del sistema.

Según la evolución histórica de la interfaz:

- *Interfaces de líneas de comando.* Es la característica del sistema operativo DOS, uno de los más antiguos y en el que el usuario escribía órdenes utilizando un vocabulario y una sintaxis propia (llamados mandatos).

  En este tipo de interfaces hace falta que el usuario conozca la sintaxis propia de este sistema para poder escribir las órdenes que debe ejecutar la máquina. En este caso quizá tenga más importancia el conocimiento que tenga el programador en comparación con el del usuario, puesto que en este caso concreto hace falta memorizar muchos comandos, órdenes o las sintaxis propias del sistema, además de que se necesita escribir sin ningún error la orden adecuada para obtener los resultados esperados. Cualquier error o fallo de escritura en la sintaxis de los comandos impedirá acceder a la información o tarea requerida.

  Para conocer algo más los *comandos en Windows* consultar:
  https://tinyurl.com/uxt5kbn
  https://tinyurl.com/rxslmd7

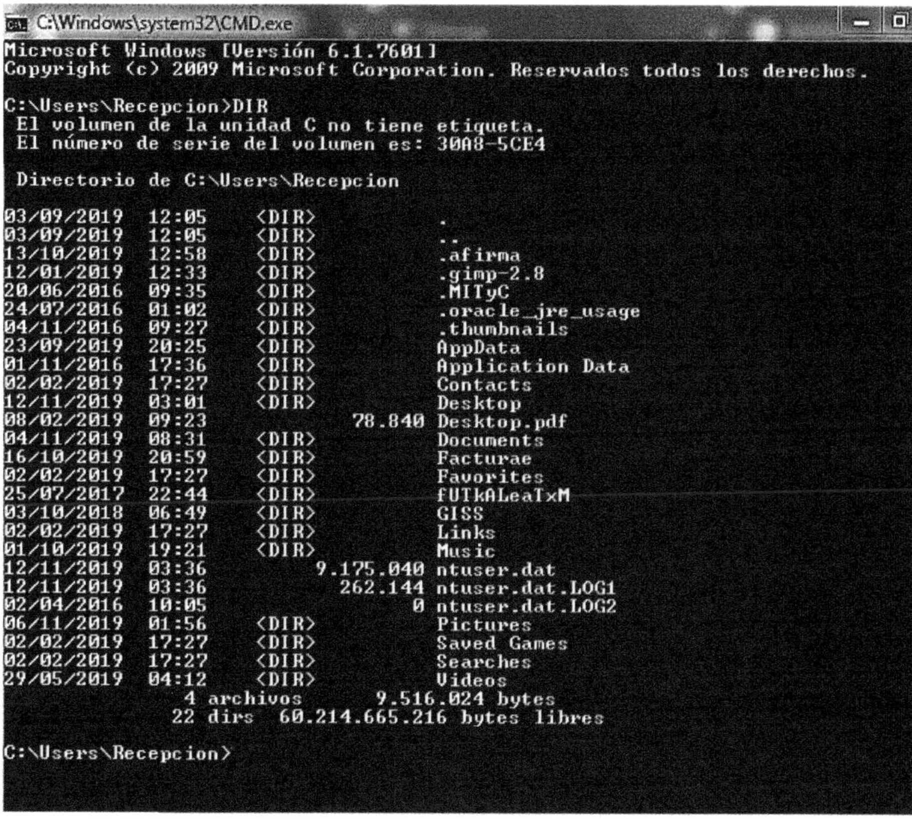

- *Interfaces de menús.* Un menú es una lista de opciones que se muestran al usuario en una pantalla o en una ventana para que elija la opción que más desee. Los menús facilitan dos cosas: navegar dentro de un sistema a través de rutas y seleccionar determinados elementos de una lista que representan las propiedades o acciones que los usuarios desean hacer sobre algún objeto.

  La aparición de los menús es la consecuencia más clara de la universalización de los ordenadores, los cuales pueden ser utilizados por cualquier usuario, tenga los conocimientos o habilidades técnicas que tenga.

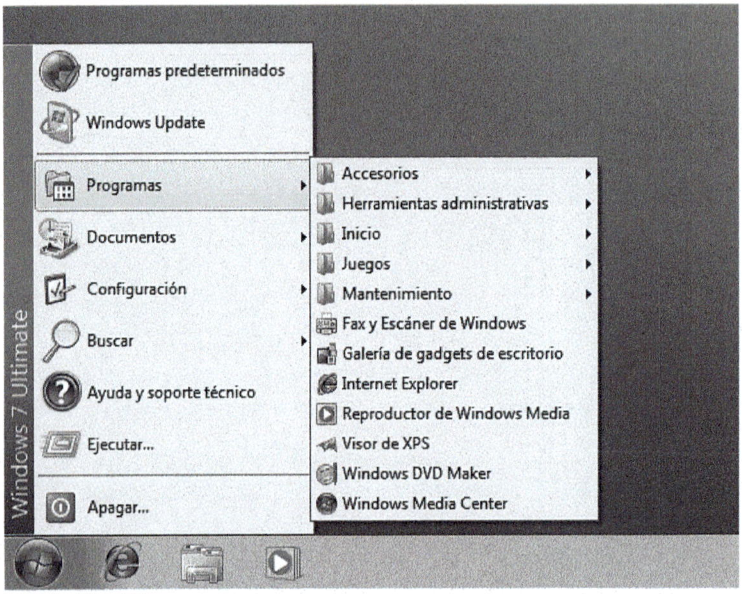

Las interfaces gráficas actuales siguen utilizando en parte este tipo de interfaz de menús en la que presentan las opciones del sistema en una lista de la cual el usuario debe seleccionar la opción más adecuada a sus propósitos.

Existen varios *tipos de menús*. Los primeros fueron los de pantalla completa, que estaban estructurados jerárquicamente. Luego se desarrollaron otros menús como los de barra, los menús desplegables, las barras de herramientas o los menús contextuales, por ejemplo.

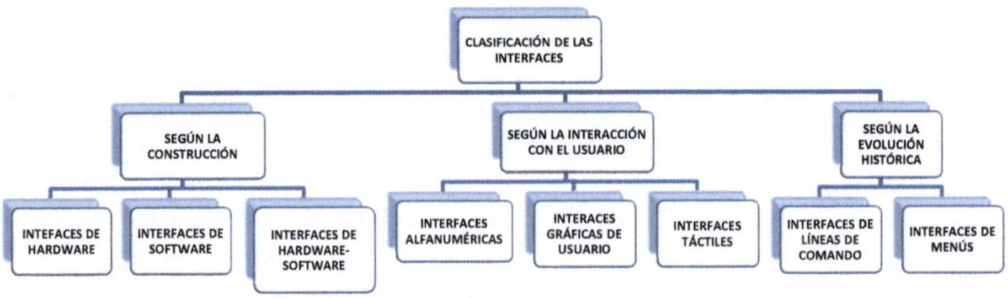

4.5. Elementos de configuración de los componentes software

Dentro de los elementos que configuran los componentes software podemos hacer la distinción entre componentes comerciales y componentes de fuente abierta (o software libre).

COTS ------------------------------	**Componentes comerciales—sin modificación**
MOTS -----------------------------	**Componentes abiertos—permiten modificaciones**

Los COTS, componentes de software comerciales, sin posibilidad de modificaciones, surgen en los inicios de la revolución informática cuando aún el estamento militar intentaba controlar y supervisar el nacimiento y la consolidación de tantos y tantos avances informáticos como lo fue en su momento Internet. Por ello, y para empezar, diremos que el software COTS aparece en los primeros años de la década de los años noventa (primeros años del nacimiento de Internet, Berners-Lee, 1991) del siglo pasado, cuando en junio del año 1994 William Perry, el entonces Secretario de Defensa norteamericano, ordenó hacer uso del máximo número posible de especificaciones y estándares comerciales para la adquisición de productos informáticos destinados al Ministerio de Defensa norteamericano, blindando así de algún modo la posibilidad de que muchos programadores y técnicos pudieran desarrollar sus propios programas o su propio hardware.

En noviembre de ese mismo año es Paul Kaminski, a la sazón Vicesecretario de Defensa para la Adquisición y la Tecnología, quien ordenó por su parte utilizar estándares y especificaciones de sistemas abiertos (no comerciales) como la norma básica en la adquisición de los sistemas electrónicos de Defensa. De este modo ampliaba el campo para la adquisición de productos y sistemas informáticos, abriendo las posibilidades a otros sistemas menos utilizados.

Desde ese momento los términos comercial, sistemas abiertos, estándar y especificación están muy ligados entre sí (aunque un término no implica necesariamente a los otros), estando muy presentes en la tecnología informática de estas últimas décadas.

El componente comercial del software puede tener varias acepciones como COTS (*Software comercial on the self*); NDI (*Non – Development Ítem*) e incluso también MOTS (*Modificable on the self*), según apuntan estudiosos como Carney y Long entre otros. En realidad hay pequeñas diferencias entre ellos aunque de forma genérica los tres términos se pueden incluir en el término COTS, componentes de software comerciales.

COTS es un tipo de software que existe a priori, probablemente en repositorios; está disponible para el público en general y puede ser comprado o adquirido. El MOTS por su parte es también un tipo de software on-the-self donde se permite el acceso a una parte del código del componente de software, a diferencia de los COTS, que no permiten ese acceso al código fuente.

Un código fuente abierto es el nombre con el que se conoce al software distribuido y desarrollado libremente. El código abierto tiene una orientación más clara hacia la distribución de sus beneficios entre los usuarios que utilicen el código más que a otro tipo de cuestiones de tipo ético-moral que surgen cuando nos referimos al software libre de por sí. En este caso un código fuente abierto es un componente no comercial del software que permite la modificación de dicho código de forma totalmente libre y gratuita.

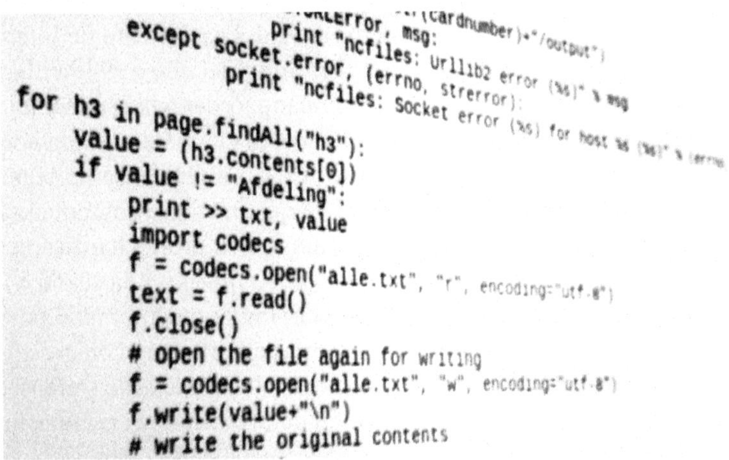

De forma general existen una gran cantidad de parámetros que caracterizan a los componentes COTS, pero dos son los más comunes. El primero es su naturaleza de *caja negra*, considerado así por la imposibilidad de ser modificado debido al bloqueo en el acceso a su código fuente. Precisamente una de las ventajas con las que cuenta el software comercial es que se desarrolla con la idea de que se acepte tal cual es, sin modificaciones. Aun así hay desarrolladores de componentes que permiten que el software pueda soportar algunas técnicas de personalización que no requieren la modificación del código fuente, como por ejemplo el uso de plugins o de scripts en algunos programas, que cualquier usuario con ciertos conocimientos puede incluir pero sin tocar ni afectar para nada el código fuente original del programa o del componente software.

Por otro lado un componente COTS puede ser instalado en distintos lugares y por distintas organizaciones sin que ninguna tenga el control completo sobre la propia evolución de dicho componente. Únicamente es el vendedor de ese componente quien decide su evolución y su método de venta. En este sentido son numerosas las ventajas y los inconvenientes de utilizar componentes COTS en vez de utilizar componentes de fabricación propia.

Entre las ventajas están por ejemplo el factor económico, relacionado directamente con los costes de desarrollo del componente entre otros factores. Puede ser más barato adquirir un producto comercial donde el coste de desarrollo ya haya sido amortizado por muchos clientes que intentar desarrollar una nueva pieza para ese componente software ya creado y que está en funcionamiento en otros sistemas o máquinas. Por otro lado también es cierto que simplemente el hecho de que un componente haya sido probado y validado tanto por el vendedor como por un numeroso grupo de usuarios, hace que éste sea aceptado como un producto mejor diseñado y seguramente más fiable que los componentes que pueda construirse uno mismo.

Otra ventaja es que el uso de un producto comercial permite integrar nuevas tecnologías y nuevos estándares más fácilmente que si son construidos por el usuario o por la propia organización con la inversión en tiempo, personal y materiales que ello conlleva.

En cuanto a las desventajas podemos mencionar dos principales de las cuales pueden surgir muchas más. En primer lugar nos referimos al hecho de que los desarrolladores que han adquirido un componente comercial no tienen por ejemplo la posibilidad de acceder al código fuente para modificar su funcionalidad. Esto quiere decir que en las fases de análisis, de diseño, de implementación y de pruebas el componente es tratado como un componente de caja negra, acarreando algunos problemas importantes al desarrollador como por ejemplo el no saber cómo detectar y cómo proceder en el caso de existir fallos o cuando el sistema requiere de un nivel de seguridad particular que no estaba incluido previamente en el componente.

Hay que indicar que todos los productos comerciales están en continua evolución y desarrollo, que el fabricante incorpora cada cierto tiempo nuevas mejoras al producto y lo ofrece a sus clientes (ya sea mediante contrato, licencia o libre distribución). Sin embargo, y de cara al cliente, que es a su vez desarrollador, reemplazar un componente por uno actualizado puede convertirse en una tarea laboriosa e intensiva, ya que tanto el componente como el sistema deben pasar de nuevo las pruebas necesarias para garantizar que el componente cumple las especificaciones técnicas y de seguridad necesarias.

Ventajas e inconvenientes de utilizar componentes COTS	
• Más barato: El coste de desarrollo ya ha sido amortizado por otros clientes. El componente ofrece un buen resultado.	• La imposibilidad de acceder al código fuente desorienta al desarrollador cuando se produce un problema.
• Mejor integración de otras tecnologías y componentes varios en el propio componente.	• Un nuevo componente creado por un desarrollador independiente necesita que cumpla todas las especificaciones técnicas.

Podemos afirmar por otra parte que hay una tendencia a que los componentes COTS sean utilizados como partes que puedan ser ensambladas en la construcción de sistemas en lugar de considerarlos sólo como programas funcionales de usuario. Por este motivo los desarrolladores de estos componentes desean disponer de especificaciones estandarizadas para sus productos, pues no suelen tener asociadas ninguna especificación, ni de comportamiento ni de protocolos ni de atributos de calidad del servicio ni ninguna otra característica que lo identifique.

En algunos casos las especificaciones del fabricante pueden no ser del todo correctas, pueden aparecer incompletas, o pueden no seguir un estándar para describirlas. Otras veces aunque se ofrezca una descripción del componente puede que no satisfaga las necesidades del integrador y que necesite conocer más detalles sobre el comportamiento y los requisitos del componente. Además la falta de información de especificación puede acarrear ciertos problemas al desarrollador de componentes COTS, tales como el desconocimiento de la compatibilidad, de la interoperabilidad o de la trazabilidad de los componentes durante el desarrollo del sistema.

Son muchos informáticos y técnicos los que reclaman la necesidad de un modelo concreto para la especificación de componentes COTS (Wallman, Dong et al.), utilizando diferentes anotaciones y estrategias.

La mayoría de las propuestas estudian el tipo de información básica que debe ser capturada en una pantalla de especificaciones de componentes COTS, aunque son aún muy pocas las propuestas existentes, la mayoría sin soporte para otras herramientas o programas informáticos y por ello de momento ninguna de las propuestas presentadas ha sido aceptada por la industria dedicada a documentar los componentes software comerciales, por lo que queda aún un largo camino por recorrer pero que puede ser útil tanto para los desarrolladores, quienes pueden trabajar y crear aún en mejores condiciones y con más garantías, como para los usuarios normales que encontrarán productos más seguros y de mayor calidad.

Para acabar este punto hacemos mención a los otros componentes que no son comerciales y que de forma genérica se denominan componentes libres.

Componente libre es la denominación atribuida al software que brinda cierta libertad a los usuarios sobre el producto que han adquirido y que una vez obtenido puede ser usado, copiado, estudiado, modificado y redistribuido libremente (coincidiendo en líneas generales con la definición de software libre).

Entre las *ventajas e inconvenientes* para la utilización del software libre apuntamos a continuación las siguientes:

Ventajas:

- *Tiene un dominio público.* La corrección de errores dentro del software es muy dinámica gracias a que el código fuente es accesible por multitud de personas. Esto facilita que no haya tantos tiempos de espera para la actualización y comercialización de una nueva versión del software.
- *El proveedor del software es más independiente.* El software libre no tiene licencia de uso, por tanto puede dejar de serlo si alguien lo utiliza con el fin de apropiárselo y hacerlo comercial para su propio beneficio (existen programas de software libre comerciales).

  Cualquier persona puede dar el soporte necesario para desarrollar el software o para cualquier otro tipo de ayuda u orientación que se necesite en relación a dicho software.

  El usuario no está tan sujeto a las condiciones que podría imponer un proveedor puesto que si decide salirse del mercado porque no le conviene podemos siempre contratar a otra persona para que se encargue de dar el soporte necesario sobre el producto.
- *Se da mucha importancia al idioma.* El software libre puede ser adaptado y traducido a cualquier idioma o dialecto del mundo, siempre y cuando haya una persona dispuesta a hacer ese delicado trabajo.

  A veces se encuentran errores ortográficos y gramaticales en el software que pueden ser solventados sin muchos problemas por una persona que sea experta en un idioma concreto, evitando así una mala imagen del software y con ello los comentarios negativos sobre el mismo.
- *Mayor seguridad y privacidad en el tratamiento de los datos.* El sistema de almacenamiento y recuperación de la información es público. Cualquier persona puede ver y entender cómo se almacenan los datos en un determinado sistema o formato (se debe educar en el almacenamiento y tratamiento de los datos para garantizar la privacidad y confidencialidad de los mismos).

  Este carácter público complica la inserción de códigos maliciosos en el software, tales como programas espía o programas de control remoto que puedan acceder al sistema sin darnos cuenta y robarnos datos importantes.
- *Presenta cierta continuidad en el tiempo pero no necesariamente en la forma.* El software libre puede seguir usándose aunque desaparezca la persona que lo desarrolló, puesto que cualquier técnico, programador o

desarrollador cuenta con los conocimientos necesarios para mejorarlo, ampliarlo o adaptarlo a nuevas situaciones o necesidades.

- *Produce un importante ahorro de costes.* Aquí se deben diferenciar cuatro grandes costes: el coste de adquisición del software, el coste de implantación del software (que a su vez se divide en gastos de migración y de instalación), el coste de soporte para el software y el coste de mantenimiento e interoperabilidad del software.

  El software libre disminuye considerablemente el costo de adquisición del mismo puesto que al otorgar la libertad de distribuir copias se puede comprar una única licencia de uso para tantos ordenadores como se desee (esto ocurre por ejemplo con los antivirus de pago, los cuales se compran según el número de ordenadores en los que se van a instalar).

  Es destacable también mencionar aquí que el software libre produce una notable disminución en los costes relativos al soporte, ya que no se deben invertir grandes cantidades de dinero en la comercialización de los productos creados, ni siquiera a veces en publicidad. La mayoría del software propietario se vende en un CD/DVD inserto en una caja cerrada con el nombre del programa y sus características. Muchos de los programas y componentes del software libre se distribuyen a través de Internet y para adquirirlos sólo hay que hacer clic en el enlace o en el archivo de descarga.

Por otro lado entre los *inconvenientes del software libre* en relación al software propietario tenemos los siguientes:

Desventajas:

- *Dificultades en el acceso y en el intercambio de archivos.* Esta dificultad se da con mayor frecuencia y claridad en los documentos de texto, donde al intentar abrir un documento creado en OpenOffice Writer con el programa Microsoft Office Word (versiones 2007 o anteriores) nos puede dar un error o podemos perder datos del archivo original. Esto sucede porque Microsoft crea sus documentos en un formato comercial propio. En el caso contrario, al querer abrir un documento creado en Word en Writer se abre sin problemas ni pérdidas de información pero sí quizá de formatos.

  Por ello se recomienda si trabajamos con distintas aplicaciones ofimáticas guardar los documentos en el formato Open Document (.odt).

- *Mayores costos de implantación y de interoperabilidad.* El software es algo nuevo, y como tal debemos considerar un coste de aprendizaje, otro de instalación, uno de migración y uno final de interoperabilidad. Este coste puede verse reducido por el uso de emuladores en las instalaciones del software para comprobar la operatividad del mismo y la adecuación del programa al sistema en el que se quiere instalar.

  Los usuarios de sistemas Windows pueden instalar una distro GNU/Linux en su sistema y luego un emulador de Windows como Wine, VMWare o Win4Lin entre otros para hacer funcionar el software en nuestro sistema operativo sin haberlo instalado aún en él. Es una solución que podría ayudarnos a comprobar el funcionamiento del nuevo software en el sistema y valorar la conveniencia o no de instalarlo de verdad.

También queremos señalar que el costo de migración se refiere en este caso principalmente al software, puesto que en lo relativo al hardware el software libre no tiene mayores requerimientos que los que pueda tener el software propietario, y con los actuales sistemas operativos los controladores de cualquier dispositivo pueden ser buscados e instalados rápidamente y sin mayores problemas en el sistema. Los sistemas operativos cuentan con sistemas de detección de muchos dispositivos acudiendo a una extensa biblioteca donde tienen almacenados muchos controladores y a la que suelen acudir cuando insertamos un nuevo dispositivo de hardware en el equipo reconociendo éste casi instantáneamente (Sistema Plug and Play).

Ventajas e inconvenientes de utilizar software libre	
• Es de dominio público.	• Dificultades en el acceso y en el intercambio de datos.
• Mayor independencia de los proveedores de software.	• Aumento de los costes de implantación.
• Importancia al idioma nativo.	
• Más seguridad y privacidad en el tratamiento de datos.	• Pueden aparecer problemas de soporte.
• Continuo en el tiempo pero no necesariamente en la forma. Permite ahorrar costes de adquisición, implantación, soporte y mantenimiento.	• Problemas de uso en algunos programas.

Resumiendo podemos definir un elemento de configuración del software como una unidad física o lógica, producida o adquirida, y que por sus características interesa administrar. Entre los *elementos* más importantes a considerar dentro de un proyecto de software están los siguientes:

1. Plan de proyecto.
2. Plan de Gestión de la Configuración.
3. Documento de definición de requerimientos.
4. Estándares de análisis, diseño, codificación, pruebas y auditoría.
5. Documentos de análisis del sistema.
6. Documentos de diseño del sistema.
7. Prototipos.
8. Documentos de diseño de alto nivel.
9. Documentos de diseño de bajo nivel.
10. Especificaciones de prueba del sistema.
11. Plan de pruebas del sistema.
12. Código fuente del programa.
13. Código objeto y ejecutable.
14. Informes de estimación
15. Informes de métricas
16. Especificaciones de pruebas de unidad.

17. Planes de pruebas de unidad.
18. Plan de integración del software.
19. Documentos de diseño de base de datos.
20. Datos de prueba.
21. Datos del proyecto.
22. Registros del proyecto.
23. Manuales de usuario.

Ejercicio práctico

Este ejercicio se refiere a la posibilidad de explicar y describir los tipos de interfaces de usuario discriminando las principales características de cada uno según determinadas especificaciones técnicas de los sistemas utilizados.

Ejercicio: Identifica, describe y explica las características de la interfaz que ves en la imagen.

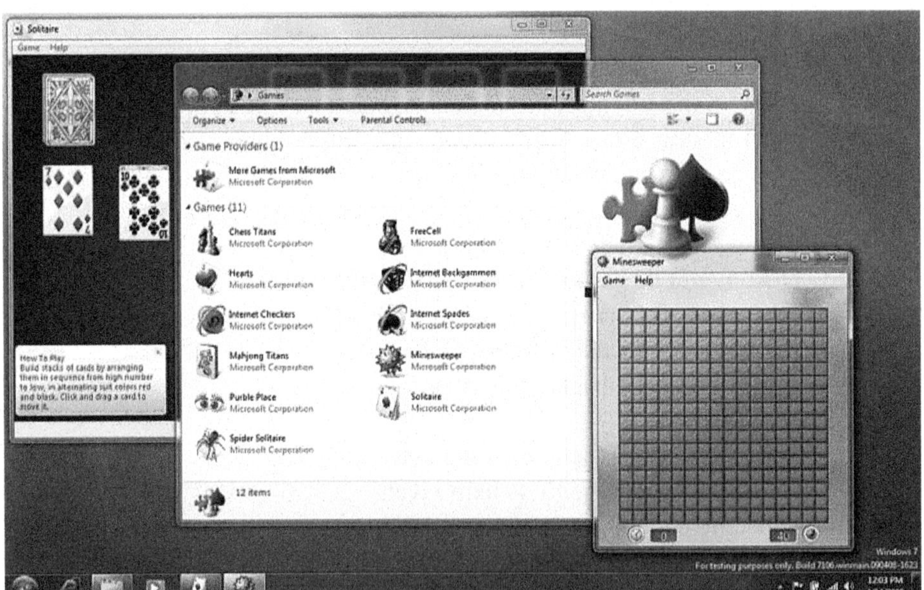

La imagen pertenece a una interfaz de usuario. Recordamos que la interfaz es el medio que permite la comunicación comprensible entre hombre y máquina. En este caso nos encontramos con un ejemplo de la interfaz de usuario del sistema operativo Windows 7. Las interfaces de usuario ofrecen un entorno amigable, sencillo y comprensible para que podamos interactuar con el ordenador.

En este caso la interfaz contiene numerosos objetos y elementos que permiten un manejo correcto del sistema. En este sentido en la imagen vemos elementos como iconos (representaciones gráficas de objetos) y ventanas (áreas de tipo rectangular que muestran una información determinada).

Otros elementos que incluyen las interfaces de usuario son accesos directos, cuadros de diálogo, barras de desplazamiento, menús, botones o cuadros de texto.

En concreto en esta imagen podemos distinguir los siguientes *elementos:*

- *Barra de tareas.* Es una barra situada en la parte inferior de la pantalla que incluye el menú Inicio, la lista de ventanas abiertas en el escritorio y una serie de iconos que representan accesos directos a programas. También está el área de notificación (system tray) en la cual vemos representados gráficamente algunas utilidades en ejecución en el sistema como la conexión inalámbrica, el reloj y la fecha, el volumen o las notificaciones del sistema. Suelen incluir el estado de alguna parte del equipo o acceso a valores de configuración del sistema.

- *Escritorio.* Es el espacio de la interfaz que no es la barra de tareas. En el escritorio se encuentran los iconos de acceso directo a programas y aplicaciones. Contiene una imagen de fondo que podemos personalizar a nuestro gusto.
- *Botón del menú Inicio.* Situado a la izquierda de la pantalla en la barra de tareas es característico de sistemas Windows. Pulsando ese botón obtendremos información sobre los accesos directos a las aplicaciones de Windows entre las que destacan las siguientes: Apagar (se utiliza para apagar o reiniciar un equipo); Ejecutar (para abrir un programa a través de una línea de comandos); Ayuda y soporte técnico (muestra la ayuda de Windows); Buscar (permite realizar una búsqueda siguiendo unos criterios definidos por el propio usuario de un archivo en el disco duro); Panel de control (una especie de centro de control y organización del equipo donde se pueden configurar el hardware y el software del sistema); Programas predeterminados (con vínculos a los programas preferidos del usuario) o acceso a las Bibliotecas del sistema (acceso directo a las carpetas Imágenes, Música, Vídeos y Documentos).

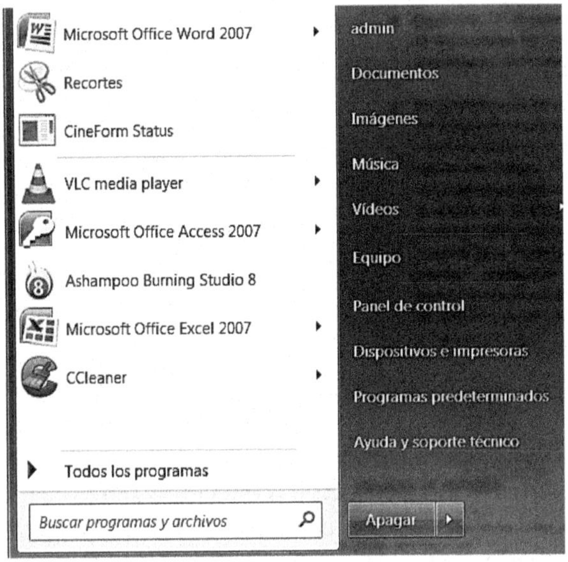

Enlaces de interés

- *Software y sistemas operativos:* http://tinyurl.com/soyr3kf
- *Programas de software libre:* http://www.cdlibre.org
- *Interfaces gráficas:* http://tinyurl.com/tvrel5n
- *Qué es software:* http://tinyurl.com/tqku2gr
- *Introducción a la Ingeniería del software:* http://tinyurl.com/tcvou4k
- *Libro Ingeniería del software, un enfoque práctico de Pressman:* http://tinyurl.com/y824kqxr
- *Curso práctico Javascript:* http://tinyurl.com/su7kmcv
- *Web de acceso a consulta de resúmenes de artículos de revistas de informática y tecnología con contenidos varios (en inglés):* http://computer.org/csdl/magazines

Glosario

- *Basic* (*Begginer's All-purpose Symbolic Instruction Code, Código Simbólico de Instrucciones de Propósito General para Principiantes*): es una familia de lenguajes de programación de alto nivel. Mediante una serie de códigos crea las instrucciones que el ordenador interpreta y ejecuta. Hoy en día es un lenguaje de programación bastante extendido y relativamente sencillo de desarrollar aunque no se tengan muchos conocimientos informáticos.

- *Bootloader:* el gestor de arranque es un sencillo programa que está diseñado para contener y preparar todo aquello que necesita el sistema operativo para funcionar. En los ordenadores modernos el proceso de arranque se inicia cuando la unidad central de procesamiento ejecuta los programas contenidos en una memoria y se configura esa unidad para ejecutar un determinado programa cuando se enciende el ordenador.
- *Búffer:* lugar de almacenamiento temporal de datos que están a la espera de ser procesados. El búffer almacena información en la cual se guardan cierto tipo de datos que esperan a ser ejecutados en el sistema.
- *Caché:* es un búffer especial de memoria que poseen los ordenadores. Funciona de manera similar a como lo hace la memoria RAM, pero tiene menor tamaño. La caché es utilizada por la unidad central de procesamiento para reducir el tiempo de acceso a datos ubicados en la memoria principal que se utilizan con mayor frecuencia. Cuando se accede por primera vez a un dato, se hace una copia de éste en el caché; los accesos siguientes se realizan a la copia, haciendo que el tiempo medio de acceso al dato sea menor. Cuando el procesador necesita leer o escribir en una ubicación de la memoria principal, primero verifica si una copia de los datos está almacenada en la caché. Si está almacenada el procesador puede leer o escribir de inmediato en la memoria caché, que es bastante más rápida que el proceso de lectura y escritura en la memoria principal.
- *Código fuente:* conjunto de líneas de texto que son las instrucciones que debe seguir el ordenador para ejecutar un programa. En el código fuente es donde está escrito el funcionamiento del programa. El término código fuente se usa también para hacer referencia al código fuente de otros elementos de software como el código fuente de una página web que está escrito en lenguaje HTML, Javascript o cualquier otro lenguaje de programación web que es posteriormente ejecutado por el navegador web para que la página pueda ser vista sin problemas.
- *Compilador:* programa informático que traduce un programa que está escrito en un lenguaje de programación a otro lenguaje de programación (llamado lenguaje de máquina), el cual la máquina puede interpretar, o dicho de otro modo, un compilador traduce el código fuente de un programa en lenguaje de alto nivel a otro lenguaje inferior (lenguaje de máquina).

- *Controlador/driver:* programa que permite al sistema operativo interaccionar con un periférico. Funciona como un manual de instrucciones que indican al sistema cómo debe comunicarse y controlar un dispositivo en particular. Permite que podamos utilizar hardware con el sistema operativo.
- *Depurador:* programa que prueba y depura (elimina los errores) de otros programas. El depurador examina el código del programa objetivo y detecta errores de sintaxis o de configuración en el código.
- *Directorio:* contenedor virtual en el cual se almacena un conjunto de archivos de datos y otros subdirectorios, atendiendo a su contenido, su propósito o cualquier otro criterio que decida el usuario. El directorio almacena información sobre los archivos que contiene.
- *Enlazador:* programa que junta los ficheros del código-objeto generados en la primera parte de la compilación, quita los recursos que no necesita y enlaza el código objeto con sus bibliotecas produciendo así un fichero ejecutable.
- *Entorno operativo:* es la denominación genérica que incluye el sistema operativo, la interfaz de usuario y todas las aplicaciones relacionadas con ellos. El entorno operativo incluye sistemas operativos, sistemas gestores de bases de datos, sistemas de comunicaciones, monitores de transacciones y entornos de desarrollo.
- *Ergonomía:* disciplina que se encarga del diseño de lugares de trabajo, de herramientas y tareas que coincidan con las características fisiológicas, anatómicas, psicológicas y las capacidades del trabajador, buscando la optimización de humanos-máquinas-ambiente, de modo que exista comodidad en el trabajo y en las condiciones del medio en los que se desarrolla ese trabajo.
- *Estándar:* acuerdos o normas documentadas que contienen determinadas especificaciones técnicas y otros criterios precisos, asegurando que los materiales, los productos, los procesos y los servicios se ajustan al propósito con los que fueron creados.
- *Icono:* pictograma que es utilizado para representar carpetas, archivos, programas o unidades de almacenamiento en un sistema operativo de tipo gráfico.
- *Interfaz de usuario:* programa informático que utiliza un conjunto de imágenes y de objetos gráficos para representar la información y las acciones disponibles dentro de la interfaz. Proporciona un entorno visual

sencillo para comunicarse con el ordenador. En el sistema operativo Windows, el escritorio y las carpetas serían la interfaz gráfica, que es la que permite ejecutar diversas operaciones como mover, copiar o pegar datos sin necesidad de que el usuario conozca el funcionamiento interno del programa.

- *Javascript:* lenguaje de programación utilizado sobre todo para crear páginas web dinámicas, que son aquellas páginas que incorporan efectos como animaciones o textos que aparecen y desaparecen.
- *Kernel:* es la parte principal del sistema operativo, la que gestiona todos los recursos de la memoria, habilita los accesos a los sistemas de archivos y gestiona distintos recursos de la red entre otras funciones. En resumen el kernel es el elemento que hace posible que el hardware y el software de un ordenador puedan trabajar juntos.
- *Macro:* conjunto de comandos que crean una tarea automatizada y que evitan seguir los pasos de ciertas tareas que realizamos muchas veces. Las macros son grabaciones de una acción determinada en un programa que podemos realizar siempre que queramos al pulsar la combinación de teclas adecuada.
- *Mandato:* instrucción u orden que el usuario proporciona a un sistema informático desde la línea de comandos o desde una llamada de programación. Esta instrucción puede ser interna (está contenida en el intérprete) o externa (contenida en un archivo ejecutable). Suelen identificarse tras una barra "/" (en sistemas DOS) o con un guión simple "-" o con un guión doble "- -" en sistemas Unix.
- *Máquina de Turing:* dispositivo que manipula símbolos sobre una tira de cinta de acuerdo a una tabla de reglas. Esta máquina puede adaptarse para simular la lógica de cualquier algoritmo de ordenador y es muy útil en la explicación de las funciones de una CPU dentro del ordenador.
- *Máquina diferencial:* es una calculadora mecánica de propósito especial diseñada para realizar sobre todo funciones polinómicas. Calcula el valor numérico de una función polinómica sobre una progresión aritmética obteniendo como resultado una tabla de valores que se aproxima a la función real. Una reconstrucción de esta máquina está operativa desde el año 1991 en el Museo de Ciencias de Londres.
- *PHP:* lenguaje de programación similar al Javascript. La diferencia es que este lenguaje del lado del servidor permite incorporarse directamente en el documento HTML en lugar de servirse de un archivo externo que

procese los datos. Hoy PHP incluye también una interfaz de líneas de comando que se usa en aplicaciones gráficas independientes. Este lenguaje puede ser usado en casi todos los sistemas operativos y en la mayoría de servidores web.

- *Plugin:* aplicación que se relaciona con otra para aportarle una funcionalidad nueva y específica. Esta aplicación adicional es ejecutada por la aplicación principal e interactúa por medio de la API.
- *Repositorio:* lugar centralizado donde se almacena y donde se mantiene información digital, principalmente en forma de bases de datos o archivos informáticos.
- *Script:* programas que se almacenan en un archivo de texto plano. Se conocen también como guión, archivo de órdenes o archivo de procesamiento por lotes. El uso habitual de estos programas es realizar tareas como combinar componentes o interactuar con el sistema operativo o con el propio usuario.
- *Sistema de computación:* es el ordenador que cada usuario está utilizando hablando de forma estricta, puesto que el ordenador es en sí mismo un sistema de computación. El sistema de computación es un conjunto de elementos que incluye uno o varios procesadores con su unidad de control más los periféricos. En este sistema se incluye tanto el firmware como el software.

Resumen

- Este tema nos ha acercado al software y su papel preponderante dentro de los sistemas informáticos, a los cuales ofrece un soporte lógico para que se puedan utilizar sin problemas los dispositivos externos o periféricos.
- La importancia de la interfaz en el proceso comunicativo y comprensivo entre hombre y máquina-ordenador también ha centrado buena parte del tema, puesto que ha quedado claro que las interfaces (ya sean de usuario, táctiles, de menús o de cualquier otro tipo), cumplen una misión básica en la interpretación de necesidades de la persona a las cuales el ordenador debe responder adecuadamente. La interfaz no es simplemente una bonita colección de iconos o de menús que se muestran en una pantalla sino que es el sistema que nos permite una comunicación sin barreras, más allá de los tipos de lenguaje que usan los interlocutores en cuestión.
- Finalmente hemos apreciado las diferencias, las ventajas, los inconvenientes y las posibilidades que ofrecen para usuarios, desarrolladores, programadores, autores y organizaciones el uso de componentes COTS y MOTS, cuya diferencia principal está en el tipo de licencia que se otorgue a la creación o al programa, la cual puede ser privativa (se debe aceptar tal cual es, sin ninguna posibilidad de modificación) o puede ser abierta (se permiten realizar ciertas modificaciones en el software). Sobre los derechos, libertades y obligaciones a las que usuarios y demás implicados están sujetos con las licencias de software se hablará en próximos temas, en los cuales se explicará qué es una licencia, sus tipos y a qué compromete cada una de ellas.

Bibliografía

BACE, C. *Formulación y evaluación de proyectos informáticos,* Editorial Mc Graw-Hill, México, 2000.

BOLAÑO, D. *Prácticas para ingeniería del software,* Prentice Hall, Madrid, 2007.

Mc CONNELL, S. *Desarrollo y gestión de proyectos informáticos,* Editorial Mc Graw-Hill. 2020.

MORENO, J. L. y RAMOS, A.F. *Mantenimiento del subsistema lógico de equipos informáticos,* Starbook Editorial, Madrid, 2012.

PRESSMAN, R. *Ingeniería del software: un enfoque práctico,* Editorial Mc Graw-Hill, Madrid, 2003.

ROLAND, C. Requirements engineering for COTS based systems, *Information and Software Technology,* nº 41, 1999: 985-990.

SOMMERVILLE, I. *Ingeniería del software,* Pearson Educación, Madrid, 2005.

VV.AA. *El proceso unificado de desarrollo software,* Pearson Addison-Wesley, 2000.

5. PROCEDIMIENTOS PARA LA INSTALACIÓN DE COMPONENTES SOFTWARE

INTRODUCCIÓN

En este tema nos dedicaremos a explicar los procedimientos más habituales a seguir para la instalación de los componentes de software, considerando aspectos como el medio, la forma o el método de instalación. Se comentarán cuestiones relativas a la gestión y mantenimiento de activos informáticos y cómo las empresas y organizaciones deben contar con un software de gestión de activos que les permita un mayor y mejor control de todos los recursos de hardware y de software con los que cuenta.

En el tema se explicará qué es ese software de gestión de activos informáticos, sus funciones básicas, los requisitos de dicho software y cómo se pueden aplicar las ventajas y posibilidades de este software de gestión a diferentes grupos y departamentos dentro de la empresa u organización, así como su influencia para la gestión de clientes y usuarios del sistema.

Entre las cuestiones a tener en cuenta dentro de esta planificación del software están aspectos como los inventarios de hardware y software, la gestión de licencias o cómo instalar y configurar una base de datos que recoja toda la información relativa al software de la empresa.

Este tema nos acercará un poco más a la gestión y tratamiento de datos en organizaciones, y más en concreto a la gestión de elementos de software dentro de ellas en todo lo relativo a su importancia, sentido, significado y lo que puede aportar tanto a usuarios como a clientes o trabajadores.

OBJETIVOS

- Realizar la identificación de componentes software del sistema para su utilización según unas especificaciones dadas.
- Operar con el interfaz de usuario del componente software utilizando los mecanismos habituales para cada tipo.
- Operar con las opciones funcionales de cada componente software según indicaciones de la documentación técnica.
- Identificar la configuración de un componente software según indicaciones de procedimientos establecidos.

MAPA CONCEPTUAL

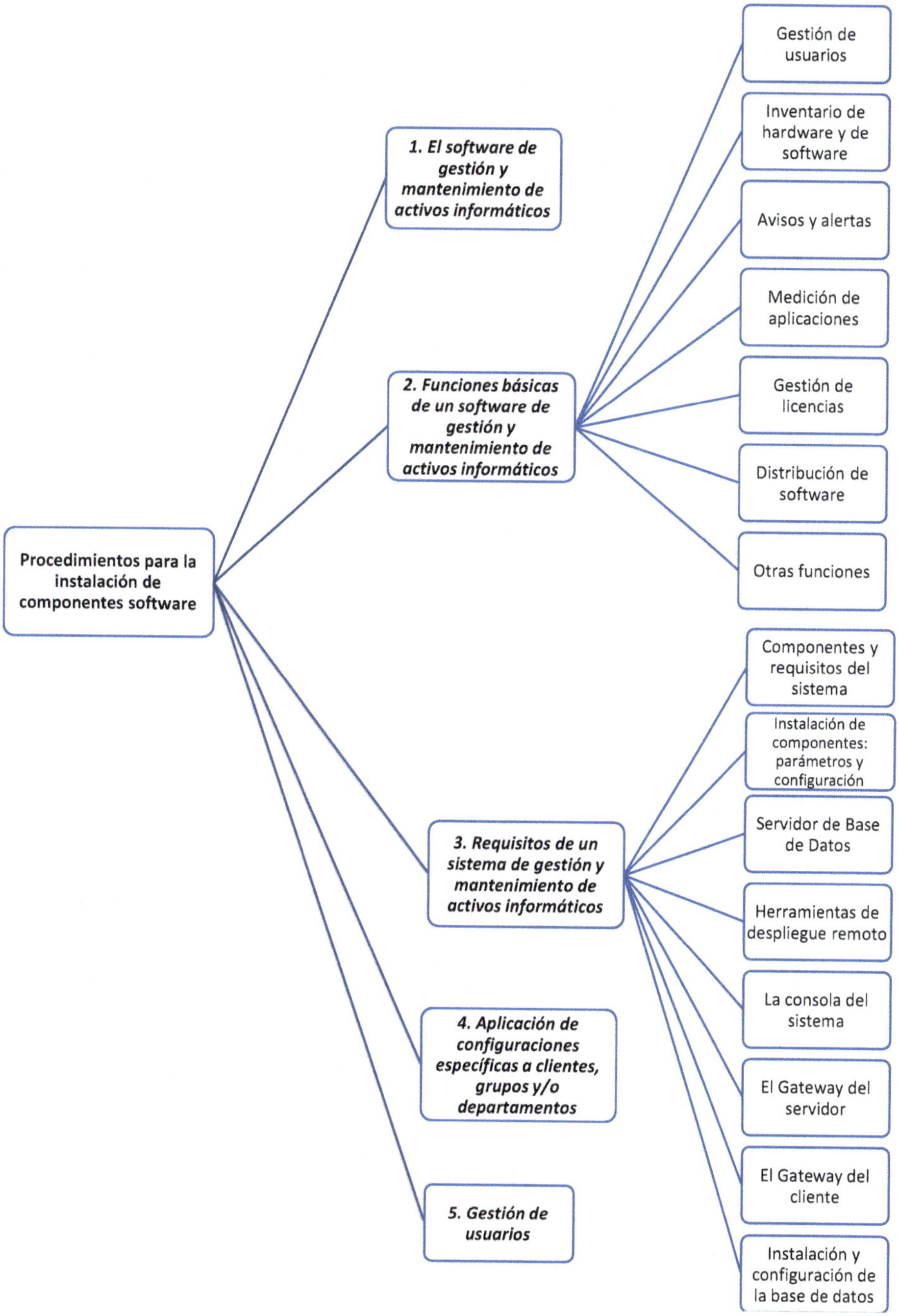

5.1. El software de gestión y mantenimiento de activos informáticos

La complejidad creciente de los sistemas informáticos, unido al aumento continuo de la heterogeneidad de materiales que se utilizan en informática, apunta a la imperiosa necesidad de controlar toda la infraestructura de gestión tecnológica hasta convertirla en una de las máximas prioridades del sistema. Un buen sistema informático debe contar con una infraestructura sólida y asentada, unos componentes seguros y fiables y un software y hardware de calidad. De ahí la importancia de saber gestionar correctamente todos los activos informáticos para responder al mayor número de demandas presentes y por qué no de aquellas futuras relativas tanto al negocio como al sistema a implantar y comercializar.

La implantación y desarrollo de una sólida estrategia de gestión de activos informáticos puede reportar importantes beneficios a la organización como pueden ser la reducción de costes, la mejora en el posicionamiento global y comercial y la toma en consideración de nuevas perspectivas de negocio, lo que redundaría en una reputación positiva del sistema informático implantado en la organización y una visible y mejorada calidad en los servicios ofertados a clientes y usuarios.

Una gestión efectiva de los activos informáticos pasa por el seguimiento básico de activos hasta la entrega de beneficios a través de la correcta gestión y administración de todos los activos de la organización y a lo largo de todo el ciclo de vida del activo.

La organización puede así asegurarse el control, el cumplimiento, la eficiencia y la responsabilidad corporativa con clientes y empleados gracias a la puesta en marcha de políticas y de procesos adecuados de gestión de activos informáticos, los cuales son una parte imprescindible de cualquier empresa y/o organización actual.

5.2. Funciones básicas de un software de gestión y mantenimiento de activos informáticos

5.2.1. Gestión de usuarios

El software permite asignar una serie de prioridades de acceso al sistema para determinados usuarios dependiendo de la plataforma elegida. Se distinguen así varios niveles de acceso para los usuarios, que van desde el administrador de ese software hasta el usuario sin permisos.

Un modelo de esta función de gestión la encontramos en los sistemas Windows, los cuales distinguen varias *categorías* de usuarios dentro del sistema:

- *Usuario estándar*, el cual puede utilizar la mayoría del software y a quien se le permite realizar ciertos tipos de cambios dentro del sistema. Es la cuenta más habitual para el trabajo diario.

Usuario estándar

Los usuarios de cuentas estándar pueden usar la mayoría de software y cambiar la configuración del sistema que no afectan a otros usuarios ni a la seguridad del equipo.

- *Administrador*. Los usuarios administradores tienen acceso completo y sin restricciones al sistema y pueden realizar cambios dentro del mismo previa confirmación por contraseña.

Administrador

Los administradores tienen acceso completo al equipo y pueden hacer los cambios que deseen. Según la configuración de las notificaciones, es posible que se pida a los administradores que proporcionen su contraseña o una confirmación antes de realizar cambios que puedan afectar a otros usuarios.

- *Invitado.* El usuario invitado puede acceder al sistema pero no puede acceder a los datos que están protegidos por contraseña. Este tipo de usuario está pensado para aquellos que necesiten utilizar de forma temporal el equipo.

Si activa la cuenta de invitado, los usuarios que no tengan una cuenta pueden usar la cuenta de invitado para iniciar sesión en el equipo. Los invitados no tendrán acceso a los archivos, carpetas o configuraciones protegidos con contraseña.

En sistemas GNU/Linux existe otro tipo de usuario, que es la figura del superusuario o root, nombre de la cuenta de usuario que posee todos los derechos en todos los modos (sistemas mono o multiusuario). Es la cuenta de administrador de sistemas Windows, a diferencia que el usuario root puede hacer muchas cosas que el usuario normal no puede hacer como por ejemplo permisos de lectura, escritura y ejecución de cualquiera de las aplicaciones del sistema, privilegios detallados de acceso y de control administrativo. Para más información consultar: http://tiny.url.com/y6u9t8uh

No se recomienda utilizar el usuario root para una sesión normal ya que pondría en peligro el sistema al garantizar acceso privilegiado a cada uno de los programas que están en ejecución, pudiendo convertirse éstos en un foco de atracción de virus u otro tipo de amenazas.

En el sistema operativo BeOS el superusuario se denomina baron, mientas que en otros puede encontrarse como avatar. En Android el nombre es el mismo y en Microsoft Windows NT y versiones posteriores al superusuario se le conoce como Administrador.

5.2.2. Inventario de hardware y de software

Se define al inventario como el registro documental de bienes y demás objetos o artículos pertenecientes a una persona, organización o entidad, realizado con orden y precisión.

En este caso el inventario se refiere a todo el material tecnológico (programas, equipos, dispositivos, periféricos) de los que dispone el usuario o la empresa y que forman parte de su infraestructura informática.

En este sentido es necesario llevar un registro lo más minucioso posible de todo el material informático, ya sea de equipos, de componentes o de programas que ha adquirido la empresa y los está usando en su actividad comercial (por ejemplo Microsoft Office, antivirus, etc.).

Este inventario puede realizarse utilizando varios programas. El modelo más sencillo para registrar los artículos y objetos del inventario puede ser una simple tabla donde se anote y quede registrado todo ese material. Esta tabla puede crearse en programas editores de texto o pueden utilizarse también hojas de cálculo para esta finalidad. Otra alternativa es la creación de una base de datos.

A continuación ofrecemos algunos *modelos de inventarios:*

FORMATO PARA EL INVENTARIO DE HARDWARE

DATOS DEL USUARIO					INVENTARIO DE EQUIPOS									
N	Nombres y Apellidos	Nombre de equipo	Departamento	Cargo	Direccion ip	Serial de control	Tipo	Marca	Modelo	Serial	Procesador	Velocidad	Disco duro (gb)	Memoria ram
1														
2														
3														
4														
5														
6														
7														
8														
9														
10														

FORMATO DE INVENTARIO SOFTWARE

DATOS DEL USUARIO					INVENTARIO DE SOFTWARE					
N	NOMBRES Y APELLIDOS	NOMBRE DE EQUIPO	DEPARTAMENTO	CARGO	SISTEMA OPERATIVO	KEY PRODUCT	LEGALIZADO	FECHA REVISION	FECHA ASIGNACION	FECHA INSTALACION
1										
2										
3										
4										
5										
6										
7										
8										
9										
10										

5.2.3. Avisos y alertas

En el software de gestión de inventario de los activos informáticos de la empresa o compañía pueden programarse alertas o avisos cada vez que la cantidad de productos se sitúe bajo un mínimo y haga falta reponer ese producto antes de que se agote totalmente, con las consecuencias negativas que ello conllevaría, o bien se pueden programar alertas cada vez que ocurra un incidente con cualquiera de los activos registrados (previa comunicación a la persona/equipo que lo está utilizando).

Estos avisos pueden ayudar a mantener controlado el stock de productos y son una buena manera de administrar los activos para que nunca falten todos los productos y servicios necesarios. Además pueden facilitar el seguimiento de todo el equipamiento y el material informático con el que cuenta la empresa para desarrollar de forma eficaz la atención a sus clientes y ofrecerles los mejores servicios.

Para generar estas alertas pueden utilizarse las herramientas incluidas en los propios programas de gestión o bien mediante código a través por ejemplo de macros.

5.2.4. Medición de aplicaciones

Para medir las aplicaciones necesitamos de antemano conocer el soporte de dicha aplicación, puesto que dependiendo del sistema que estemos utilizando acudiremos a las herramientas de medida más adecuadas, dependiendo de los objetivos que queramos conseguir.

5.2.5. Gestión de licencias

Una licencia de software es un contrato entre dos partes: por un lado el licenciante (que es el autor o titular de los derechos de explotación del software o su distribuidor), y el licenciatario del programa informático, que no es otro sino el usuario consumidor, el usuario profesional o la empresa que necesita el software, de modo que entre ellos acuerdan la utilización del software cumpliendo una serie de *términos y condiciones* establecidas en las cláusulas del contrato.

LICENCIANTE --------- Autor/titular de los derechos de explotación del software

LICENCIATARIO ------- Usuario o profesional que adquiere el software

Una licencia de software representa el permiso del fabricante para la instalación y utilización de su producto en un ordenador o sistema informático. La licencia contiene los términos y condiciones que regulan la utilización del software, incluido el ámbito de los derechos de la licencia, el propósito o el hardware que se debe emplear. Las licencias contienen de forma general una definición del producto, los términos de instalación y alguna cláusula de garantía.

De forma general una licencia de software otorgará un derecho no exclusivo al licenciatario para que un determinado número de usuarios puedan utilizar una copia de ese software. Salvo que se indique lo contrario estará estrictamente prohibida la copia y la distribución de dicho software a otros usuarios u ordenadores.

Existen fundamentalmente dos *tipos de licencias:* las licencias de usuario único y las licencias de multiusuario. Las licencias multiusuario también se conocen como licencias por volumen ya que permiten la utilización de varias copias de la misma aplicación. En estos casos los acuerdos de licencia son algo más complejos y se negocian directamente con los fabricantes del software.

Las licencias de usuario único se conocen como *acuerdos de licencia de usuario final* (en siglas EULA). Estas licencias se entregan con productos completamente integrados, como por ejemplo los productos estándar que se suelen comprar en las tiendas minoristas de informática. Las licencias ya se incluyen en los ordenadores que vienen preinstalados con el software o bien se suministra a través de un contrato de distribución on-line. Muchas de estas licencias contienen formatos sencillos como por ejemplo *Hacer clic para aceptar*, lo que no requiere de la firma de un contrato por escrito.

Los productos integrados suelen contener el software que se puede utilizar tras abrir la caja (*shrink-wrapped*), y que incluye elementos como una tarjeta y un número de registro. Además puede contener un manual para el usuario en el cual se expliquen de manera más detallada las características, funciones y recursos sobre ese software. Hoy en día es muy difícil que se incluya un acuerdo de licencia de usuario final en formato impreso. Muchos editores la incorporan en formato electrónico dentro del CD-ROM o soporte del software, y lo muestran al usuario durante el proceso de instalación del programa. Si el usuario no acepta los términos del acuerdo de licencia ésta se cancelará y no podrá instalar el software en el equipo.

Las licencias por volumen permiten que las organizaciones con sistemas de mayor tamaño puedan obtener varias licencias, las cuales se consiguen a través de un acuerdo escrito con el editor del software tras un proceso previo de negociación. Hoy la mayoría de los editores de software ofrecen licencias por volumen. También se proporcionan a organizaciones que por ejemplo requieren sólo de dos copias o tres copias del software.

A veces los acuerdos de licencia por volumen pueden otorgar al usuario el derecho a actualizar el producto durante el periodo de vigencia de los acuerdos.

En entornos de red propios de las oficinas actuales se suelen requerir licencias por puesto o por servidor para utilizarse con determinados tipos de software de servidor. Algunos productos de software servidor, y sus programas de licencia correspondientes, requieren que el usuario tenga una licencia de acceso.

Las licencias por servidor son licencias que sólo permiten un acceso al servidor a un número concreto de usuarios. Las licencias por puesto requieren de una licencia de acceso para cada equipo que pretenda acceder al servidor. Son una variante del grupo de licencias por volumen y permiten a los usuarios instalar productos específicos en ordenadores que estén definidos por su ubicación geográfica.

Las licencias corrientes son una variante de las licencias por volumen. Son aquellas que permiten a los usuarios instalar un número máximo de copias en un número determinado de ordenadores mientras se limita el número de usuarios que pueden utilizar ese software en cualquier momento a través de un sistema de gestión de licencias.

El modelo de licencia de proveedor de servicio de aplicaciones o ASP otorga el derecho a utilizar aplicaciones de software instaladas en servidores remotos y no en ordenadores o servidores locales de la organización.

Existen por otro lado varios programas de licencia para grupos especializados como pueden ser instituciones educativas (colegios o universidades), organismos gubernamentales y a veces también para organizaciones benéficas y no lucrativas. Estas licencias tienen algunos términos y condiciones específicos asociados a su uso. Las entidades deben demostrar que cumplen los criterios necesarios para poder optar a los descuentos que se ofrecen a instituciones educativas y a organismos públicos.

Se pueden ofrecer también programas de licencias para desarrolladores de software, minoristas o proveedores de soluciones. Estos programas pueden permitir utilizar varias copias y distintos títulos de software. A modo de ejemplo se podría obtener una licencia de software sólo para su desarrollo o para realizar pruebas.

LICENCIAS DE USUARIO ÚNICO -------------	**Contratos de distribución on-line**
LICENCIAS POR VOLUMEN -------------------	**Se obtienen varias licencias de software**
LICENCIAS POR SERVIDOR -------------------	**Acceso limitado de usuarios**
LICENCIAS CORRIENTES ----------------------	**Limitan el uso de copias en equipos**
LICENCIAS ASP --------------------------------	**Uso de aplicaciones en servidores remotos**

Las licencias de software establecen, entre otros puntos, la cesión de determinados derechos del propietario al usuario final sobre las copias del programa informático; los límites en la responsabilidad del licenciante por fallos no atribuibles al programa en sí sino al uso indebido que se pueda hacer del mismo; el plazo en el que el licenciante cede los derechos del programa en cuestión; el ámbito geográfico de validez del contrato; la normativa legal por la que se rigen los derechos del licenciante y también la posibilidad o imposibilidad de ceder el programa al terceros y bajo qué condiciones y las cuestiones relativas a la instalación del programa en equipos diferentes al equipo original.

Como ejemplo compartimos la *licencia de uso del programa descompresor* de archivos WinRar:

El compresor RAR. Licencia de uso y distribución.

El compresor RAR es shareware. Esto significa:

1. Todos los derechos de autor de RAR son propiedad exclusiva del autor - Alexander Roshal.

2. Cualquier persona puede usar este programa durante un período de prueba de 40 días. Al finalizar este período de 40 días, si quiere continuar usando RAR, debe comprar una licencia.

3. Existen dos tipos básicos de licencia para el RAR:

a. Licencia de USO para un sólo ordenador. El usuario compra una licencia para usar RAR en un SOLO ordenador.

Los usuarios domésticos pueden usar su licencia de uso en todos los ordenadores que sean de su propiedad.

Los usuarios profesionales necesitan una licencia por cada ordenador donde tengan instalado RAR.

b. Licencia de uso múltiple. El usuario compra un número de licencias de uso para su propio uso o el de sus empleados, en el mismo número de ordenadores.

En un entorno de red (servidor/cliente) debe adquirir una licencia por cada ordenador cliente (estación de trabajo) independientemente de si los clientes (estaciones de trabajo) pueden usar WinRAR simultáneamente o no. Si tiene, por ejemplo, 9 clientes diferentes (estaciones de trabajo) en su red con acceso a WinRAR, tiene que comprar 9 licencias.

Una vez registrado, el usuario obtiene una licencia no exclusiva para usar RAR en tantos ordenadores como permita los términos expresados anteriormente de la licencia comprada para cualquier uso legal. El software RAR registrado no puede ser alquilado ni dejado a terceros pero puede ser transferido total y permanentemente siempre que la persona que lo reciba esté de acuerdo con los términos de esta licencia. Si el software es una actualización, la transferencia debe incluir la actualización y todas las versiones anteriores.

4. Licencia de RAR para dispositivos móviles (dispositivos U3, USB o discos extraíbles):

Adicionalmente a los términos expresados anteriormente las siguientes condiciones se aplicarán al uso de RAR es dispositivos móviles:

a. Licencia de uso para un sólo ordenador. Los usuarios domésticos pueden usar su licencia para un solo ordenador en todos los dispositivos móviles que sean de su propiedad.

Los usuarios profesionales pueden usar su licencia en un solo ordenador y un solo dispositivo móvil.

b. Licencia de uso múltiple. Los propietarios de una licencia de uso múltiple pueden usar esta licencia en el mismo número de dispositivos móviles que el número de ordenadores para la que se adquirió la licencia.

El número máximo de ordenadores/dispositivos en los que puede ejecutar RAR simultáneamente está limitado al número de licencias compradas según los términos de esta licencia.

La versión registrada de RAR en un dispositivo móvil puede ser usada por el comprador o sus empleados en varios ordenadores de forma consecutiva.

No hay ningún coste adicional, aparte del coste de compra de la licencia, asociado al uso de RAR desde un dispositivo móvil en ordenadores que no sean propiedad del propietario de la licencia.

5. La versión de evaluación de RAR/WinRAR no registrada puede ser distribuida libremente siempre que no se modifique su contenido con las excepciones que se detallan a continuación:

a. Ninguna persona o compañía puede distribuir partes separadas del paquete original a excepción de los componentes del UnRAR, sin el permiso por escrito del dueño de los derechos de copia.

b. La versión RAR shareware no registrada no puede ser distribuida ni empaquetada con cualquier otro producto sin el permiso por escrito del dueño de los derechos de copia.

c. No se podrán incluir llaves de registro, generadores de llaves o cualquier otro programa ni instrucciones que permitan usar WinRAR de forma ilegal.

6. Para comprar su licencia, por favor, lea el fichero order.htm

7. El compresor RAR se distribuye "tal como es". No se expresa ni implica ningun tipo de garantía. Debe usarlo a su propio riesgo. El autor no se hará responsable de pérdidas de datos, daños, pérdida de beneficios o cualquier otro tipo de pérdida derivada del uso correcto o incorrecto de este programa.

8. No hay ningún tipo de coste extra, excepto el coste de compra de la licencia, asociado con la creación y distribución de archivos RAR, volúmenes, archivos auto-extraíbles o volúmenes auto-extraíbles. Los usuarios con licencias legales pueden usar su(s) copia(s) del RAR para crear archivos y/o archivos auto-extraíbles y para distribuir estos archivos sin ningún tipo de gasto o licencia adicional.

9. Usted no puede usar, copiar, emular, clonar, alquilar, dejar, vender, modificar, descompilar, desensamblar, aplicar ningún método de ingeniería inversa o transferir el programa licenciado o cualquier parte de él, excepto en lo previsto por esta licencia. Cualquiera de estos usos no autorizados resultar en la revocación inmediata y automática de esta licencia y ser objeto de persecución civil y/o criminal.

No se permite usar ni aplicar ningún método de ingeniería inversa sobre el código binario de RAR, WinRAR o UnRAR ni sobre el código fuente de UnRAR con el fin de recrear el algoritmo de compresión RAR, que es propietario, sin el permiso por escrito del autor.

No se pueden distribuir las llaves de registro de RAR y WinRAR, excepto en las condiciones expresadas en el punto 3, fuera del área de control legal de la persona o personas que hayan comprado la licencia original, sin el permiso por escrito del autor.

Todos los derechos no especificados explícitamente en esta licencia están reservados por Eugene Roshal.

10. Instalar y usar RAR significa aceptar los términos y condiciones de esta licencia.

11. Si usted no está de acuerdo con los términos de esta licencia está obligado a borrar los ficheros que componen RAR de todos sus dispositivos de almacenamiento y dejar de usar este producto.

Gracias por usar RAR legalmente. Alexander L. Roshal.

En relación a los *puntos* que indicábamos éstos se exponen en el contrato de licencia de Winrar de la siguiente forma:

- Cesión de derechos al usuario final (punto 9)
- Límites en la responsabilidad del licenciante (punto 7)
- Límites en el uso del programa (punto 9)
- Tiempo de cesión de los derechos (punto 2)
- Normativa legal por la que se rigen los derechos (punto 7)
- Instalación del programa en equipos (punto 3.b)

5.2.6. Distribución de software

La distribución de software o distro es un conjunto de software específico (una colección de software o incluso un sistema operativo) que ya está compilado y configurado. Las distro pueden aceptar licencias como la GPL u Open Source, la más común, o pueden tener la forma de una distribución binaria, con un instalador (de extensión .exe) que puede ser directamente descargado desde Internet.

El software tiene en la actualidad una legislación similar al de una obra literaria o musical. Existen los derechos de autor que establecen el marco y las condiciones de uso del software. Además la comercialización del software se realiza en muchas ocasiones bajo una licencia de uso en la cual se establece el modo en el cual se puede usar el software. A veces esta licencia impide que varias personas puedan usar el mismo programa a la vez.

Las *condiciones* impuestas en las licencias de uso nos ofrecen las distintas formas que podemos encontrar a la hora de adquirir el software:

- *Software comercial:* se vende un producto bajo una licencia de uso que establece el número máximo de personas que pueden usar dicho software.
- *Software de dominio público:* se produce sin ningún afán de lucro pero tampoco el autor garantiza que funcione siempre. Suelen ser programas más simples pero más complicados de usar.
- *Shareware (probar antes de usar):* este tipo de software permite su uso (limitado en el tiempo o en su funcionalidad) y se solicita al usuario que lo compre tras usarlo si se ajusta a sus necesidades. Cuando el usuario compra el software recibe una clave que elimina las limitaciones del periodo de prueba y puede usarlo sin restricciones.
- *Freeware:* en este software no hay limitaciones de tiempo en su uso, puesto que los autores suelen buscar cierto reconocimiento más que ganancias económicas. En algunos casos algunos autores liberan el código

fuente del programa para que se produzcan actualizaciones o nuevas versiones del mismo.

- *Adware:* el software se puede usar libremente pero sin fines comerciales. Este software se caracteriza porque contiene banners de publicidad. Se trata de software más orientado para el ámbito de Internet.

El concepto de distribución de software también se puede aplicar tanto a Otherware como Careware o Donateware.

- *Otherware* = se solicita al usuario que haga otras cosas en lugar de pagar por la licencia de uso del software sin reportarle ningún beneficio.
- *Careware* = se pide al usuario que apoye obras o proyectos caritativos.
- *Donateware* = se pide al usuario que haga una contribución económica a una institución de caridad para registrar el software y poder utilizarlo.

Otros *términos* relacionados con la distribución del software son: *E-mailware* (se pide al usuario que envíe un correo electrónico al autor); *Catware* (se solicita que el usuario tenga de mascota un gato); *Greenware* (se pide al usuario que ayude al medio ambiente), y otros tan curiosos como *Beerware* (en la que el autor pide que se le compre una cerveza o que el usuario tome una cerveza a su salud) o Sisterware (en la cual el usuario debe presentar a su hermana al autor del software).

5.2.7. Otras funciones

El software de gestión también realiza otras *funciones* aparte de las ya explicadas entre las que se destacan las siguientes:

- Relaciona la inversión en sistemas y equipos informáticos con la planificación del negocio. En este sentido una parte importante del negocio, y más con los tiempos que corren, es el equipamiento informático, por lo que se debe incluir también este concepto en la contabilidad o en la planificación del negocio, pero no sólo se debe incluir el gasto estimado en la adquisición de materiales y programas informáticos sino también el coste asociado de mantenimiento de operatividad y actualización de esos activos informáticos.
- Facilita la medición y el control sobre el uso y el coste de los sistemas informáticos.
- Permite mayor eficiencia en la organización gracias al modelo de estandarización de la infraestructura informática.
- Ofrece mayor horizontalidad en la organización aunque sea a nivel tecnológico.
- Facilita la gestión de todos los activos informáticos desde que se compran o adquieren hasta su retirada o baja definitiva del sistema.
- Asegura el cumplimiento y el respeto de las licencias de los programas utilizados.
- Refuerza la negociación con editores y licenciantes del software.
- Vincula el gasto informático con las unidades de negocio y la generación de ingresos dentro de la propia organización.

5.3. Requisitos de un sistema de gestión y mantenimiento de activos informáticos

5.3.1. Componentes y requisitos del sistema

Es conveniente antes de realizar cualquier instalación de hardware o de software en el sistema la verificación de requisitos establecidos para la instalación de dichos componentes. En algunos casos será necesaria la desinstalación de versiones antiguas del software o simplemente la actualización. En otros casos habrá que desinstalar o instalar algún tipo de complemento o de programa para mantener, ampliar o mejorar el funcionamiento general del sistema.

Entre los *requisitos y condiciones* más frecuentes que suelen requerir los fabricantes de software están las siguientes:

- *Sistema operativo.* No todos los programas están preparados para ejecutarse en cualquier sistema operativo. Se debe comprobar que el sistema en el que se quiere instalar el software sea compatible y además que el

software funcione con la versión actual del sistema operativo instalado. La compatibilidad entre software y sistema operativo es muy importante, ya que puede impedir el funcionamiento del software o que algunas de sus opciones dejen de estar operativas. Existen aplicaciones como Wine (http://www.winehq.org) que permiten ejecutar aplicaciones Windows en sistemas Linux en forma de emulador para verificar que se pueden utilizar y que son compatibles.

- *Procesador.* El fabricante de software debe reflejar la arquitectura en la que trabajará el programa en cuestión y debe establecer además una velocidad mínima del procesador.
- *Memoria RAM y espacio en disco duro.* El fabricante del software debe especificar la memoria RAM mínima del sistema y el espacio en disco que va a ocupar el nuevo software.
- *Tarjetas o librerías gráficas.* DirectX y OpenGL son librerías que pueden utilizar las aplicaciones para añadir efectos gráficos en 2D o en 3D.
- *Sistema de 32 ó 64 bits.* Antes de descargar o instalar el software se debe conocer si el sistema donde va a ser instalado es de 32 o de 64 bits. Un sistema de 32 bits significa que el tamaño de la palabra será solamente de 32 bits (4 octetos). El tamaño de la palabra define el tipo de arquitectura, los buses, la memoria, la CPU y con ello los programas que se podrán instalar en él. Así un software diseñado para una arquitectura de 64 bits no funcionará en un sistema de 32 bits, pero sí que funcionará al contrario.

Para conocer los requisitos de instalación de hardware y de software éstos vienen incluidos en el soporte con el que se comercializan (en un archivo llamado readme) o bien aparecen especificados en la página web del fabricante o del autor del software.

A continuación las siguientes capturas de pantalla muestran esta información sobre los requisitos de instalación. La primera son los *requisitos* para instalar el programa Open Office extraídos del archivo readme, y la siguiente informa sobre los requisitos de instalación del antivirus Avira que aparecen en su propia página web.

Notas sobre la instalación

Requerimientos del sistema

- Microsoft Windows 2000 (Service Pack 4 o superior), XP, Vista o Windows 7
- PC compatible con Pentium (se recomienda Pentium III o Athlon)
- 256 MB de RAM (se recomiendan 512 MB de RAM)
- Espacio disponible en el disco rígido de hasta 1,5 GB
- Resolución de 1024x768 (se recomienda una resolución más alta), por lo menos con 256 colores

Tenga en cuenta que se necesitan derechos de administrador para el proceso de instalación.

Se puede forzar o evitar que OpenOffice.org se registre como aplicación predeterminada para los formatos de Microsoft Office usando las opciones siguientes del instalador en la línea de comandos:

- `/msoreg=1` forzará que OpenOffice.org se registre como aplicación predeterminada para los formatos de Microsoft Office.
- `/msoreg=0` evitará que OpenOffice.org se registre como aplicación predeterminada para los formatos de Microsoft Office.

Si realiza una instalación como administrador usando el comando setup /a, debe asegurarse que esté instalado en el sistema el archivo msvc90.dll. Después de la instalación como administrador, se requiere este archivo para iniciar OpenOffice.org. Puede obtener el archivo desde: http://www.microsoft.com/downloads/details.aspx?familyid=9B2DA534-3E03-4391-8A4D-074B9F2BC1BF

Tenga en cuenta que se necesitan derechos de administrador para el proceso de instalación.

Asegúrese que tiene suficiente memoria libre en el directorio temporal de su sistema y que posee los derechos de acceso para leer, escribir y ejecutar. Cierre todos los otros programas antes de iniciar la instalación.

Antes de instalar Avira Antivirus Suite y Avira Secure Backup, asegúrese de que su PC cumple los siguientes requisitos.

Sistemas operativos:
Windows 8 (32-bit o 64-bit)
Windows 7 (32-bit o 64-bit)
Windows XP SP3 (32-bit)
Windows XP SP2 (64-bit)

Memoria:
1024 MB de RAM como mínimo (Windows 7)
512 MB de RAM como mínimo (Windows XP)

Procesador:
Pentium o posterior
1 GHz como mínimo

Disco duro:
150 MB de espacio libre en disco duro (se necesita espacio adicional para los archivos temporales y en cuarentena)

Nota:
Durante la instalación, son necesarios derechos de administrador, una conexión a Internet y un navegador web.

5.3.2. Instalación de componentes: parámetros y configuración

La instalación es un proceso por el cual una aplicación pasa a formar parte del conjunto de programas listos para ser ejecutados en el ordenador. Los programas deben sufrir una especie de acoplamiento al sistema operativo y al ordenador en el cual van a ser ejecutados. En este proceso los programas son informados por el sistema operativo de las condiciones de memoria, de espacio en disco o el tipo de dispositivos en los cuales se van a ejecutar. Muchas veces necesitan de otros componentes o necesitan instalarse en un lugar concreto del disco. En otras ocasiones el proceso de instalación se produce para que se introduzcan los datos sobre la licencia de uso y corroborar así que se trata de software original y no una copia.

Durante la instalación se pone en marcha un tipo de software especial llamado software de instalación, que es el que realiza todas las tareas antes mencionadas: información al sistema operativo, instalación de nuevos componentes, verificación de que se trata de software original, etc.

Tanto el package o empaquetado como el deployment o despliegue de componentes usan el sistema de módulos del lenguaje para funcionar, pues para ejecutar dichos componentes se requieren una serie de labores previas de comprobación con el fin de verificar que todos los elementos y códigos necesarios para la instalación de un determinado componente software estén disponibles en el soporte cuando se proceda a su registro o instalación dentro del sistema.

Un componente además puede estar distribuido en varios módulos, los cuales pueden a su vez contener varios componentes que estén directamente relacionados con el resto de módulos, por lo que la inexistencia, pérdida o error en cualquiera de los componentes de los módulos vinculados puede provocar un fallo en la instalación y con ello la imposibilidad de instalar dicho componente hasta que el fallo no sea subsanado y arreglado (falta un archivo de instalación o hay error de interpretación o de código en uno de los archivos de instalación).

El módulo funciona aquí como la unidad natural de empaquetado puesto que cuenta con compilaciones separadas de declaraciones y de definiciones afines. Cuando la compilación no presenta errores quiere decir que el módulo es autosuficiente gracias a las comprobaciones y garantías que ofrece el sistema de tipos.

El módulo es también la unidad más conveniente para realizar la carga al sistema debido a que es la compilación del módulo la que asegura y refuerza la comprobación de ciertas dependencias con el resto de módulos importados. Otra razón para usar los sistemas de módulos a la hora de realizar instalaciones de componentes es que el módulo es capaz de cargar varios componentes a la vez cuando se cumple el requisito de afinidad entre ellos.

5.3.3. Servidores de bases de datos

Los servidores de bases de datos son aquellos que proveen servicios de bases de datos a otros programas o equipos como aquellos definidos en el modelo cliente – servidor. También pueden ser aquellos ordenadores-servidores que prestan ese servicio de base de datos ejecutando un programa.

Una base de datos es un sistema informatizado cuyo propósito principal es almacenar, registrar y mantener cierta información (la que el usuario o el cliente quiera almacenar), haciéndolas eficazmente disponibles cuando así se requieran.

EMPRESAS

NOMBRE	DIRECCION	POBLACIÓN	TELÉFONO	E-MAIL	FECHA ENVÍO CV	FORMA ENVÍO CV
	C/TIOVIVO, 30	ALCORCÓN	663258720		02/06/2010	En mano
PROFIDEN, S.L.	C/BENITO MARTÍNEZ, 23	MADRID		rrhh@profiden.es		
BAR PEPE	C/ARROYO,2	LEGANÉS	917638900	pepe@pepe.es	15/12/2010	Correo postal
TALLERES SAN	C/ALCALA, 8	ALPEDRETE	640998576		16/12/2010	Fax
IKEA	C/SANCHINAR RO, 12	SAN SEBASTIAN DE	914567890	ikea@ikea.com	16/12/2010	E-MAIL
HOLA	AVENIDA UNO,2	CHINCHÓN	678543210			

Las bases de datos se diseñan para almacenar y funcionar con grandes cantidades de información. Este manejo de ciertos datos implica conocer tanto las estructuras del almacenamiento de datos como los mecanismos y opciones de uso y elaboración de las acciones que se pueden realizar con las mismas, o dicho de otro modo, hay que conocer cómo y dónde se pueden insertar esos datos que queremos almacenar en los sistemas o en servidores.

Entre las notorias *ventajas* que proporciona el uso de bases de datos están las siguientes:

- *Se evita la redundancia.* Los mecanismos de control y seguimiento de datos de las propias bases son los que pueden avisar de datos duplicados, aunque podamos hacer uso de ellos en distintas ocasiones.
- *Se mantiene la integridad de los datos.* Las bases de datos garantizan la integridad de los datos que se registran.
- *Pueden ser protegidos con restricciones de seguridad.* Las bases de datos, como ocurre con otros programas, cuentan con opciones de seguridad entre las que destacan el cifrado de la base de datos, una utilidad del propio programa que permite la conversión de la base de datos a un

formato inteligible, salvo que se tenga la clave adecuada para descifrarlo (esta opción se recomienda si se va a enviar la base a través de Internet o para el trabajo en redes locales donde se comparte el archivo con otros equipos).

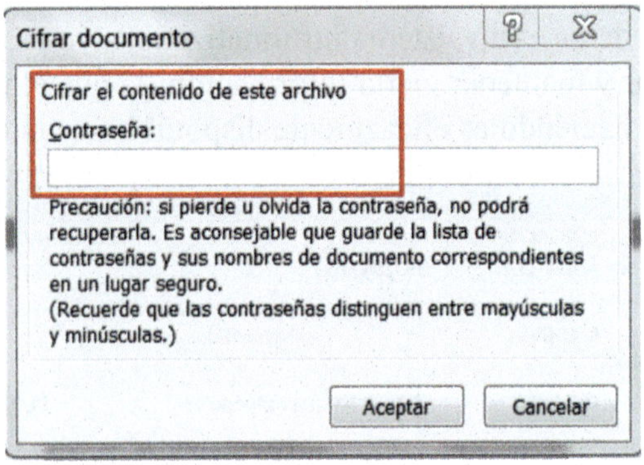

También permite la restricción de la edición, la copia o la impresión de datos de la base a través de contraseñas.

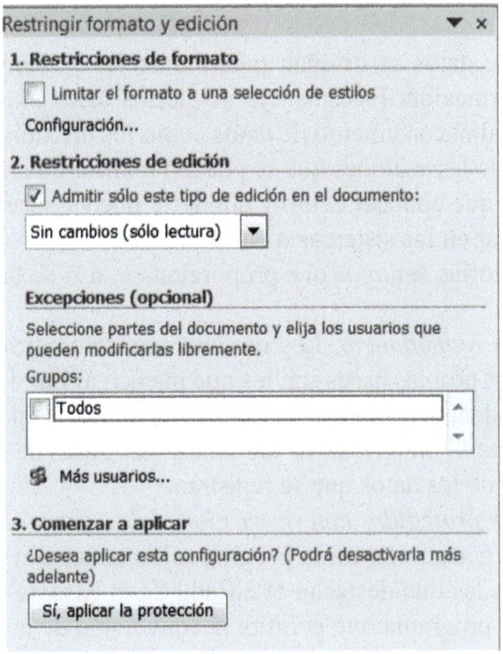

- *Obligan a los usuarios a seguir una serie de normas y de requisitos concretos para trabajar con los datos.* Las bases de datos tienen reglas específicas para la edición, eliminación o modificación de datos. Cualquier usuario debe conocer estas reglas para no hacer un mal uso de una herramienta tan poderosa como son las bases de datos.

Hay que decir para terminar que toda la información, todos los datos que se añaden y se almacenan en las bases de datos no son temporales; cuentan con un carácter de permanencia hasta que el usuario decida eliminar esos datos de la base.

Para modificar o eliminar los datos de una base de datos protegida debemos conocer las claves de acceso y modificación de la misma ya que de otro modo no sería posible ni su modificación ni su eliminación.

5.3.4. Herramientas de despliegue remoto

Cualquier componente de software también es susceptible de ser desplegado de forma remota o bien formar parte de otras composiciones de componentes.

Las principales herramientas para desplegar de forma remota los componentes software son las VNC.

VNC, o también llamado software de escritorio remoto, es un programa del entorno del software libre basado en la estructura cliente-servidor que permite a otro usuario controlar de forma remota un ordenador. Una de las ventajas de este servicio es que no impone ninguna restricción entre el ordenador del servidor y el ordenador del cliente, de modo que es posible compartir el monitor de cualquier sistema operativo que soporte VNC conectándose desde otro ordenador o bien compartirlo con cualquier dispositivo que tenga un cliente VNC portado.

Más información: http://www.realvnc.com
http://www.uvnc.com

5.3.5. La consola del sistema

La consola del sistema es el componente del sistema a través del cual se lanzan comandos programados previamente en el sistema de gestión y mantenimiento de activos informáticos.

Utilizando la consola e introduciendo unos comandos determinados podemos acceder a información de interés sobre el equipo, tanto sobre sus características como sobre su funcionamiento.

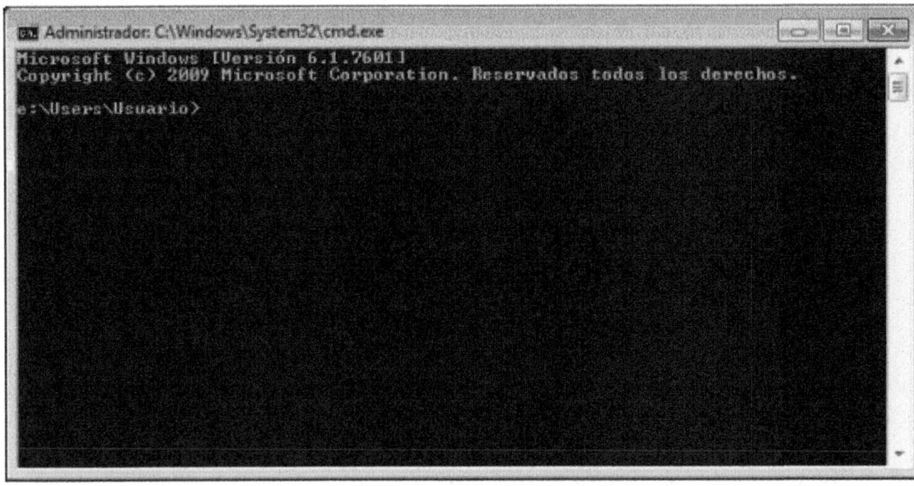

En sistemas Windows para acceder a la consola de sistema escribimos en la caja de búsqueda el comando cmd y pulsamos Entrar. Nos aparece una ventana como la que podemos ver en la parte superior (al estilo MS-DOS) y en ella escribimos los comandos del sistema.

Para ver una lista de los comandos más usuales escribimos help y pulsamos la tecla Enter.

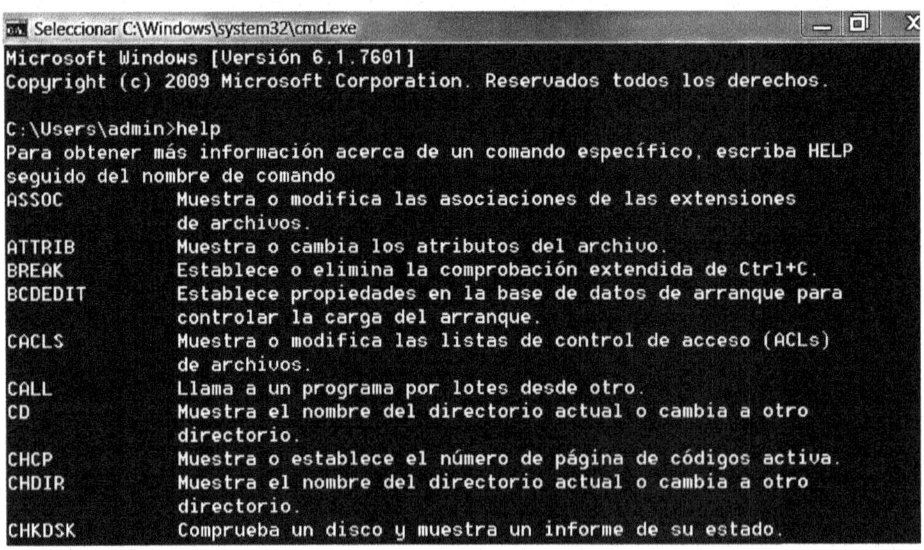

En total aparece la información de casi noventa comandos con el tipo de información que presentan al usuario, aunque son aún muchos más los que se pueden utilizar. La consola de sistema y el trabajo con comandos suele realizarse sobre todo por usuarios con conocimientos avanzados, puesto que un usuario normal quizá no aprovecharía con todas sus posibilidades esta herramienta del sistema, aunque es necesario que el futuro administrador de sistemas sí que conozca la herramienta y su utilización.

Como ejemplo de lo expuesto, escribimos por ejemplo la instrucción md documentosenero2014 tal y como se muestra en la imagen. Esta instrucción lo que indica al sistema es que debe crear una carpeta nueva en la unidad C: con el nombre documentosenero2014 (es importante tener esto en cuenta porque si escribimos las palabras separadas se crearán tantas carpetas como palabras hayamos escrito, por lo que por ejemplo si escribimos documentos enero 2014 se crearán en la unidad C: tres nuevas carpetas, una con el nombre de "documentos", otra con el nombre "enero" y una tercera con el nombre "2014").

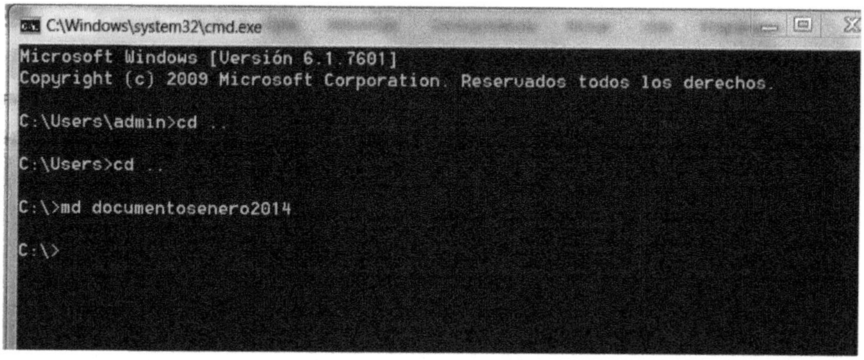

Ejercicio de repaso

Ahora tú puedes probar varios comandos utilizando la consola de sistema. Cuando te aparezca un mensaje diciendo que no tienes privilegios suficientes el procedimiento es utilizar el comando Ejecutar como administrador. Para ello seguimos los *pasos* siguientes:

Hacer clic en botón Inicio. En el cuadro de búsqueda escribimos cmd o las palabras símbolo del sistema. En la lista de resultados hacemos clic con el botón secundario del ratón y clic en Ejecutar como administrador. Si nos solicita la contraseña de administrador la escribimos para confirmar la operación.

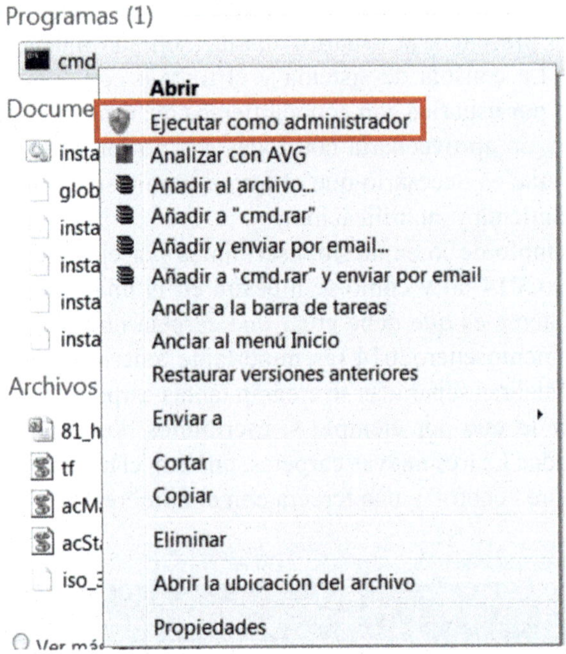

Cuando accedemos a la consola del sistema con privilegios de administrador vemos que la carpeta donde se rescata la información es la carpeta system32. Esto nos permite acceder a información más completa sobre la configuración y el rendimiento del sistema entre otras opciones.

5.3.6. El Gateway del servidor

El Gateway, pasarela o puerta de enlace es un dispositivo que permite interconectar redes con protocolos y arquitecturas diferentes en todos los niveles de comunicación. Se encarga de traducir la información del protocolo en uso dentro de una red determinada al protocolo que usa la red de destino, es decir, interconecta dos redes con lenguajes diferentes, aunque más que con lenguajes con instrucciones diferentes.

Esta puerta de enlace es normalmente un equipo informático que se configura para crear una red local (de tipo LAN) de manera que otros equipos se puedan conectar a esa red y tengan un mejor acceso al exterior, a menudo realizando NAT (*Network Adress Translation*), operaciones de traducción de las direcciones IP. Esta capacidad de traducir las direcciones permite aplicar las técnicas de enmascaramiento de IP (IP Masquerading), de modo que todos los equipos conectados a una red local puedan conectarse y acceder a Internet con una única conexión a Internet, lo que quiere decir que todos los equipos se conectan con una misma IP externa, con el consiguiente ahorro en muchos ámbitos que ello supone y la posibilidad de compartir información y conocimiento entre equipos a través de una misma red.

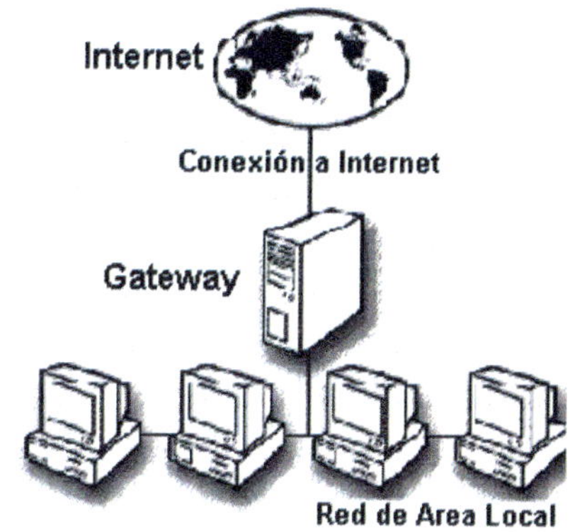

5.3.7. El Gateway del cliente

La dirección IP de una puerta de enlace suele tener la siguiente estructura: 192.168.1.1 o bien 192.168.0.1, aunque quizá también pueda presentar algunos rangos ya predefinidos como 127.x.x.x, 10.x.x.x, 172.x.x.x ó 192.x.x.x, los cuales están reservados a redes locales. En este sentido se puede sustituir la x por cualquier número comprendido entre 0 y 9 o entre 0 y 999.

En la siguiente imagen vemos un ejemplo de los datos de conexión a una red donde comprobamos que el ítem Dirección IPv4 tiene la misma estructura y está dentro de los rangos numéricos señalados.

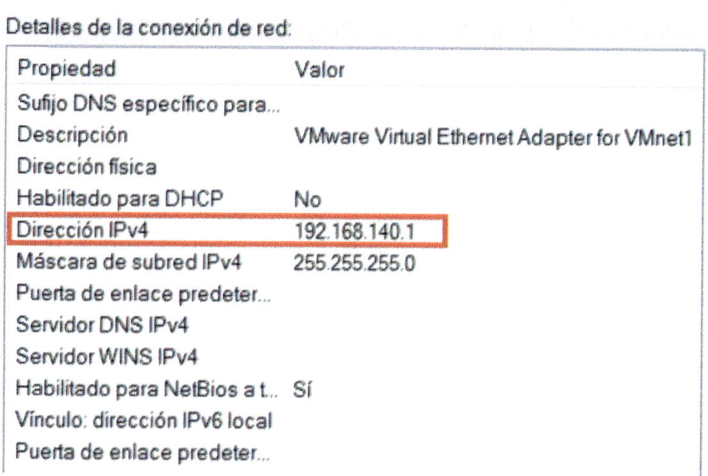
Detalles de la conexión de red:

Propiedad	Valor
Sufijo DNS específico para...	
Descripción	VMware Virtual Ethernet Adapter for VMnet1
Dirección física	
Habilitado para DHCP	No
Dirección IPv4	192.168.140.1
Máscara de subred IPv4	255.255.255.0
Puerta de enlace predeter...	
Servidor DNS IPv4	
Servidor WINS IPv4	
Habilitado para NetBios a t...	Sí
Vínculo: dirección IPv6 local	
Puerta de enlace predeter...	

Debemos señalar además que cualquier equipo que haga de puerta de enlace de una red debe tener dos tarjetas de red (una que es la conexión de área local y otra que es la conexión que utiliza equipo en sí, configurando y adaptando cada una según las necesidades de cada momento).

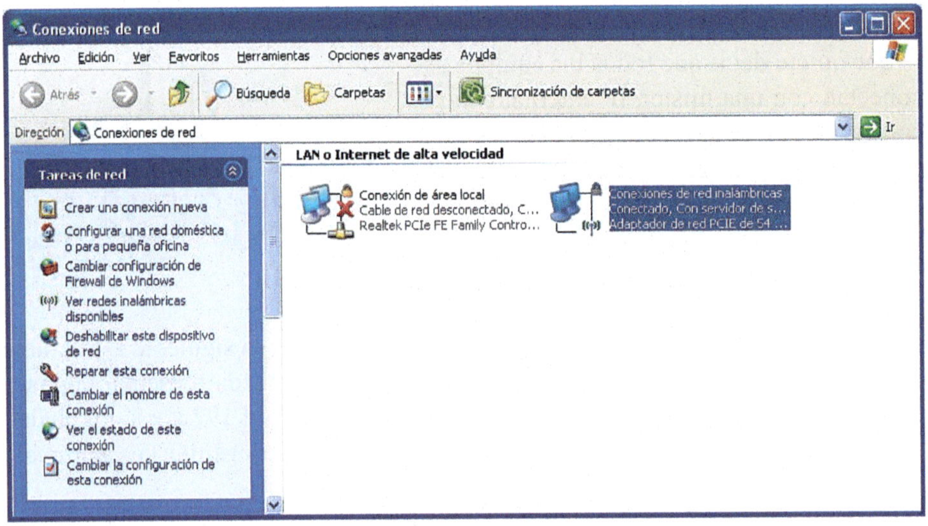

Cuando escribimos el número de la puerta de enlace nos pide una dirección y una contraseña. Tras introducir correctamente esos datos solicitados se abre una nueva página donde podemos ver la información relativa al módem y a las redes WAN y LAN, que son las que podremos configurar a nuestro gusto.

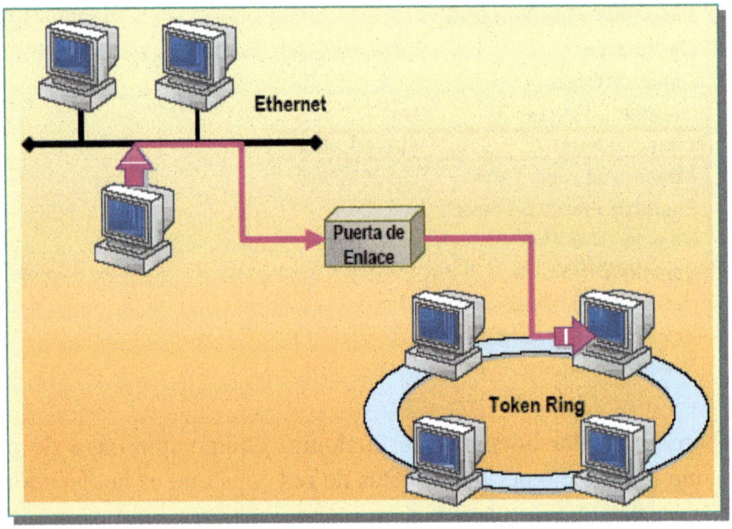

En los entornos domésticos se suelen utilizar routers ADSL como puertas de enlace que conectan la red local doméstica con otra red que es Internet, aunque este Gateway no conecta dos redes con protocolos diferentes, teniendo que acudir para ello a la ya mencionada traducción de direcciones IP o NAT para que el router pueda conectar dos redes independientes.

En resumen podemos decir que la puerta de enlace o Gateway es la ruta de comunicación entre redes que se asigna a un equipo y que tiene como función el envío a través de la ruta por defecto en el sistema de cualquier paquete de datos desconocido que no sea identificado por la interfaz o no esté incluido dentro de las rutas predefinidas del equipo.

El Gateway envía datos, o mejor dicho paquetes de datos de distinto tipo, entre varios equipos utilizando los servidores y los protocolos más adecuados para realizar dicha acción.

5.3.8. Instalación y configuración de la base de datos

Dependiendo del sistema en uso dentro del equipo podremos trabajar con un sistema de bases de datos o con otro diferente. Uno de los programas más utilizados de bases de datos en aplicaciones de gestión y mantenimiento de activos informáticos es MySQL, que funciona como un servidor de bases de datos relacionales.

MySQL es un sistema de administración de bases de datos relacionales, lo que significa que el programa almacena los datos en tablas separadas en lugar de ponerlos todos en una única tabla, proporcionando así velocidad, flexibilidad y accesibilidad en dichos datos. Todas las tablas de las bases de datos creadas se enlazan cuando se definen las relaciones que permitan combinar los datos de varias tablas. El resultado es una única tabla donde se muestran los resultados por datos dentro de cada una de las tablas.

SQL significa lenguaje estructurado de consulta, y hoy en día es el lenguaje más usado y estandarizado para trabajar con bases de datos relacionales.

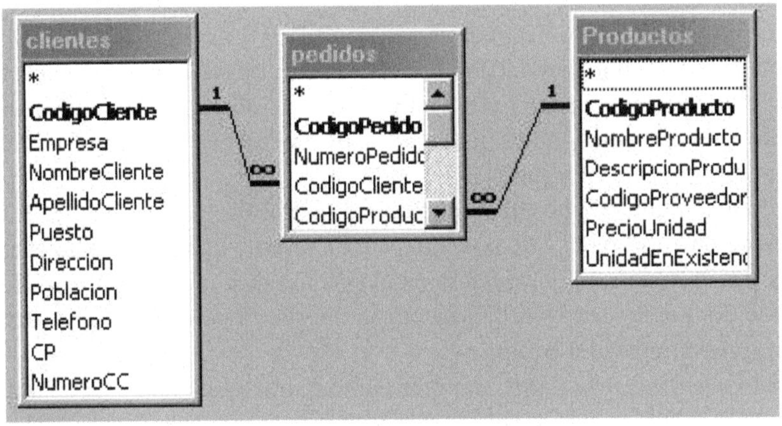

Añadimos en este sentido que la información (los datos) que permite almacenar una base de datos es tan variada y heterogénea como quiera el propio usuario. La base de datos puede ser utilizada como una simple ayuda, como un contador o un libro de visitas por ejemplo, aunque también puede configurarse para poder tener los registros de compra-venta de una tienda on-line o para trabajar con información de tipo corporativo. El acceso y procesamiento de datos almacenados en una base de datos necesita de un sistema de administración de bases de datos como MySQL, que pueda aportar organización, claridad y seguridad en los datos.

5.4. Aplicación de configuraciones específicas a clientes, grupos y/o departamentos

Según el departamento, el grupo o el tipo de usuario del sistema debemos aplicar una configuración determinada de acceso tanto al sistema como a las bases de datos para cada uno de ellos, puesto que dependiendo de los permisos de los que disponga cada usuario éste podrá acceder (o no) a ciertas áreas del sistema y obtendrá una serie de privilegios.

En la siguiente imagen vemos un ejemplo de cómo aparecen los usuarios y grupos dentro de una base de datos y los permisos que tienen de lectura, modificación o eliminación de datos según su categoría dentro del sistema.

Observamos por ejemplo que el usuario Administrador tiene activos todos los permisos de lectura, modificación, actualización o eliminación de datos de la tabla Datos.

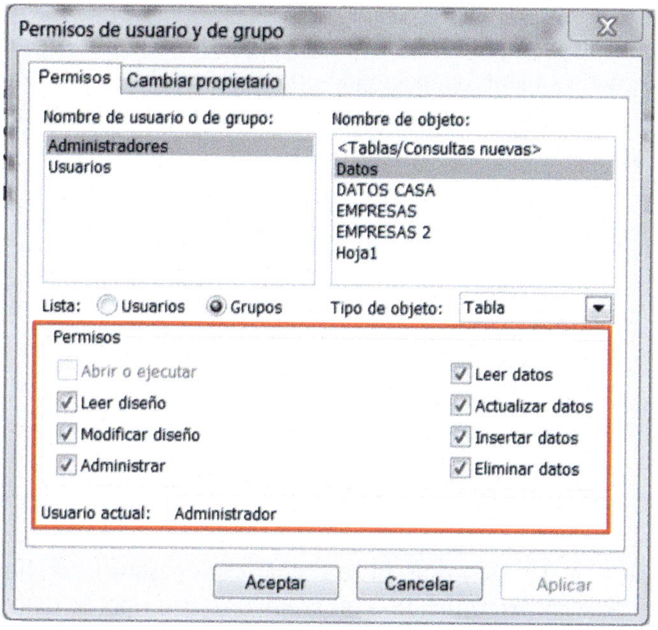

En la siguiente imagen, por otra parte, podemos ver que el usuario Administrador sólo tiene permiso dentro de la base de datos llamada Datos para leer los datos pero no para insertar, modificar o eliminar datos.

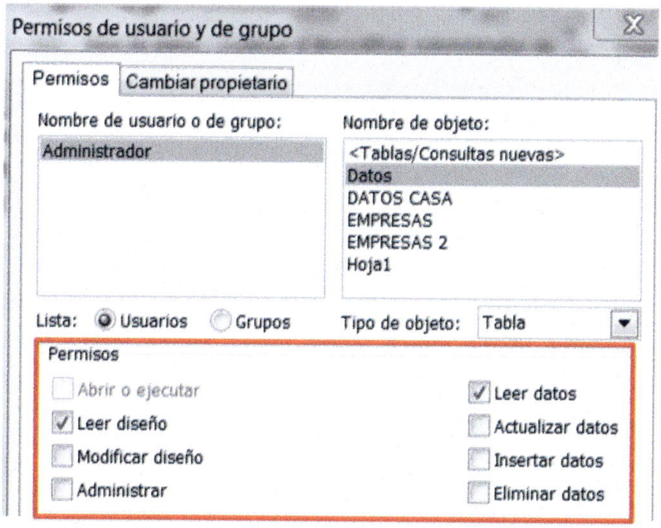

Para realizar cualquier modificación de permisos en la base de datos hay que confirmar dichos cambios, haciendo clic en Sí en el cuadro para cambiar los permisos del usuario o bien pulsando en Aplicar dentro de la ventana de Permisos de usuario y grupo.

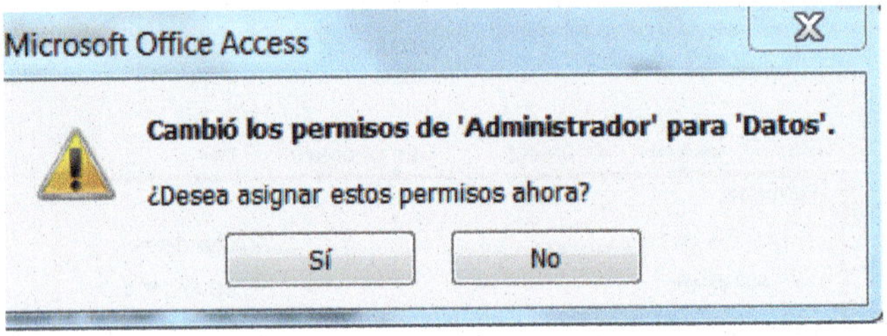

Casi la totalidad de sistemas modernos permiten asignar permisos (o derechos de acceso) en diferentes áreas a determinados usuarios o grupos. Así podremos restringir, denegar, permitir sin restricciones o permitir con limitaciones el acceso de un usuario determinado a un archivo u otro tipo de dato para que no pueda ver su contenido, ni lo pueda tampoco modificar, imprimir o ejecutarlo si es un archivo de tipo ejecutable.

El administrador del sistema en Windows o en otros sistemas es el que puede otorgar esos permisos de acceso o denegación a los usuarios según el tipo que sean. Recordemos entonces los diferentes *tipos de usuarios y sus principales características:*

Tipo de usuario	Características
Administrador *Superadministrador*	• Acceso completo y sin restricciones al sistema. • Pueden realizar cambios y modificaciones en el sistema.
Estándar	• Acceso restringido al sistema. • Sólo puede realizar determinados cambios.
Invitado	• Acceso restringido al sistema. • No puede realizar ningún cambio salvo que tenga contraseña.

5.5. Gestión de usuarios

Para que cualquier usuario pueda obtener acceso al sistema y utilizar los recursos de éste debe previamente identificarse. Para realizar esta identificación el usuario debe tener una cuenta (la cuenta de usuario), con un nombre de usuario elegido por el mismo o bien otorgado por un tercero, además de tener una contraseña (la cual también puede ser elegida por el usuario o bien puede ser proporcionada por un tercero). Estos dos datos le otorgarán el acceso al sistema.

Los usuarios utilizan una interfaz de usuario para acceder al sistema. Para identificarse deben introducir su nombre de usuario y la contraseña asociada a ese nombre de usuario. Este proceso se llama identificación del usuario o log in.

Los usuarios de informática son similares a los usuarios de telecomunicaciones salvo pequeñas diferencias de tipo semántico porque los procesos o acciones que unos y otros realizan son muy parecidos. Estas diferencias son comparables a las que puede haber entre un consumidor y un usuario final en economía, que nominalmente son diferentes pero que en la práctica son bastante similares. Por ejemplo una persona puede ser un usuario y tener una cuenta de usuario dentro de un sistema o de una red informática y tener una cuenta de correo electrónico que nada tenga que ver con su cuenta de usuario (puedo utilizar mi cuenta de correo dentro de la cuenta de usuario por ejemplo). Las dos cuentas pueden ser complementarias pero no excluyentes. Se pueden tener las dos, la cuenta de usuario o la cuenta de correo electrónico, pero la que debe tener cualquier persona que quiere acceder al sistema es la cuenta de usuario, que es la que le identifica y le otorga el acceso a un sistema determinado.

Los usuarios se caracterizan por ser un tipo de personas que suelen utilizar un sistema informático sin la experiencia y quizá a veces el conocimiento necesario para entender el sistema y todas sus herramientas y posibilidades.

En contraposición al usuario están otros perfiles como el técnico, el programador, el hacker y otros tantos que se presupone que conocen muy bien el sistema y ya han trabajado e interactuado con él muchas veces. En este contexto al hacker por ejemplo se le denomina usuario real porque es quizá el perfil que mejor conozca el sistema y sepa aprovechar todas sus potencialidades.

Aunque sucede lo mismo en otras profesiones que no son la informática, y es que tener unos mínimos conocimientos previos sobre la tarea a realizar, y una pequeña experiencia en cualquier faceta o campo de la vida, nos proporciona más tablas y recursos para relacionarnos con el entorno sea este del tipo que sea. No es igual un usuario que un hacker en informática como no es igual una persona con un curso en primeros auxilios que un médico especialista. Es la experiencia y dedicación previa con el entorno de trabajo el que le otorga esa categoría especial (y diferente a la vez) al profesional de cada campo, que puede pasar mucho tiempo relacionándose con los medios, los materiales y las posibilidades que le ofrece su profesión.

Un usuario se identifica en el sistema informático con un nombre de usuario (login) y una contraseña de acceso (password).

El nombre de usuario es una sucesión de letras y de números única, o la combinación de ambas, que identifica a cada uno de los usuarios que quieren acceder al sistema. Estos nombres de usuarios suelen basarse en cadenas alfanuméricas cortas. Dependiendo de las políticas o de los servicios en particular los nombres de usuario se eligen por el mismo usuario o son elegidos por el administrador de sistemas como ya señalamos con anterioridad.

Las opciones más comúnmente utilizadas para los nombres de usuario pueden ser el nombre propio del usuario, las iniciales o algún tipo de combinación entre nombre, apellidos, iniciales y algunos números. Por ejemplo: juan123, pe78pe19, marga2014.

Algunas veces son los propios sistemas quienes dictan las condiciones particulares para elegir el nombre de usuario, de tal modo que por razones de seguridad se recomienda que el nombre de usuario contenga dígitos y algunos símbolos, y no sólo letras, aunque este tipo de sugerencia se puede aplicar también a las contraseñas.

En cuanto a las recomendaciones generales sobre las contraseñas de usuario, que son las mismas que podemos ofrecer para otros programas como el correo electrónico o para las redes sociales, les invitamos a que accedan a los siguientes enlaces donde encontramos una serie de recomendaciones de gran utilidad para decidir qué contraseñas utilizamos.

- http://www.osi.es/es/contraseñas
- https://tinyurl.com/qnevv7z
- https://tinyurl.com/vtty8nt
- http://uup.es/top-contrasenas-inseguras-2018
- https://www.diarlu.com/consejos-crear-contrasena-segura-facil-de-recordar/

Recordamos en este punto que es conveniente cambiar las contraseñas de las aplicaciones y de acceso al sistema en un plazo máximo de tres meses de forma generalizada, aunque depende también del uso que hagamos del ordenador podremos cambiar antes las contraseñas como medida de seguridad preventiva para evitar el robo de contraseñas y que personas no autorizadas puedan acceder libremente a nuestro equipo sin nuestra autorización.

Un consejo más: Utilizar sobre todo el sentido común como herramienta de seguridad tanto para seleccionar nombres de usuario fáciles de recordar pero complicados de descifrar y para elegir contraseñas seguras, fuertes y difíciles de robar. Esto siempre redundará en menos quebraderos de cabeza tanto para usuarios como para técnicos y administradores de sistemas porque aunque seamos conscientes de que la seguridad completa no existe sí tenemos los medios adecuados a nuestro alcance para evitar ser víctimas de robos de identidad y suplantaciones no deseadas.

Ejercicio práctico

Identifica cada tipo de licencia según las especificaciones indicadas.

Se le concede a Ud. una Licencia de Uso no exclusiva del Software descargado para cualquier propósito por un período de tiempo ilimitado.
El producto de software bajo esta Licencia está provisto gratuitamente. Si bien no se efectúa transacción monetaria por la licencia de uso de este software, eso no significa que no existan condiciones para el uso de dicho software:

2.1. El Software podrá ser instalado y Utilizado por el Concesionario para cualquier propósito legal.

2.2. El Software podrá ser instalado y Utilizado por el Concesionario en cualquier cantidad de Sistemas.

2.3. El Software podrá ser copiado y distribuido bajo la condición de que el copyright y su garantía se mantengan intactas, y el Concesionario no cobre dinero o matrículas por el producto de Software, exceptuando la cobertura de costos de distribución.

2.4. El Concesionario no tendrá ningún derecho de propiedad de o sobre el Software. El Concesionario reconoce y está de acuerdo de que el Licenciante retiene todos los copyrights y cualquier otro derecho, incluido el de propiedad, de y sobre el Software.

2.5. El Uso en el ámbito de esta Licencia es gratuito y ninguna regalía o matrícula de licencia deberá ser abonada por el Concesionario.

Es una licencia freeware. No hay limitación de tiempo en el uso del software. El autor permite la distribución pero no permite la modificación: *El software podrá ser copiado y distribuido bajo la condición de que el copyright y su garantía se mantengan intactas.*

3. Derechos de Propiedad Intelectual. El Software y cualquier copia autorizada que usted haga son de propiedad intelectual y dominio de Adobe Systems Incorporated y sus proveedores. La estructura, organización y código del Software son secretos comerciales e información confidencial valiosa de Adobe Systems Incorporated y sus proveedores. El Software está protegido por ley, incluyendo, pero sin limitarse a, las leyes de derechos de autor de los Estados Unidos y de otros países y por las disposiciones de tratados internacionales. Excepto lo expresamente contemplado aquí, este contrato no le otorga a usted ningún derecho de propiedad intelectual sobre el Software y todos los derechos no otorgados expresamente están reservados por Adobe y sus proveedores.

Es una licencia de software comercial. Se permite la utilización bajo unas condiciones determinadas y no se permite modificar ningún elemento del software: *La estructura, organización y código del software son secretos comerciales e información confidencial valiosa de Adobe Systems Incorporated y sus proveedores.*

- Si usted es feliz con Vim, considere por favor ayudar a los niños necesitados en Uganda.
- Si quieres seguir apoyando a desarrollar Vim considere convertirse en un patrocinador. El dinero irá a Uganda de todos modos.
- De acuerdo con Richard Stallman la licencia de Vim es compatible con la GPL de GNU. Unos pequeños cambios se han hecho desde que él lo comprobó, pero eso no debe ser un problema.

Es una licencia careware, en la que el autor solicita que el usuario realice algún tipo de donación o ayuda a los niños de Uganda en este caso: *Si usted es feliz con Vim, considere por favor ayudar a los niños necesitados de Uganda.*

FreeRapid Downloader es distribuido como freeware, pero si lo desea puede expresar su apreciación por el tiempo y recursos que el autor ha utilizado desarrollándolo, realizando una donación monetaria.

Somos estudiantes y debemos pagar nuestro hosting, la cuenta para nuestras novias, etc. Puede hacer sus donaciones en la cuenta de PayPal: http://wordrider.net/freerapid/paypal

Es una licencia donateware, en la que el autor solicita una ayuda económica al usuario para seguir desarrollando el software: *Si lo desea puede expresar su apreciación por el tiempo y recursos que el autor ha utilizado desarrollándolo, realizando donación monetaria.*

Enlaces de interés

- *Página con artículos tanto de hardware como de software:* http://www.genbeta.com
- *Inventario de activos:* http://tinyurl.com/wnehxhf
- *Modelo-guía para el inventario de activos:* http://tinyurl.com/vzlc6n7
- *Guía gestión y clasificación de activos:* http://tinyurl.com/qnqa7ce
- *Modelo cliente-servidor:* http://tinyurl.com/vc6k6pz
- *Tipos de licencias de software:* http://tinyurl.com/sxshg4p
- *Libro Sistemas Operativos de William Stallings:* http://tinyurl.com/rof-5vc4
- *Libro Sistemas informáticos:* https://tinyurl.com/yx792xt6
- *Sistemas integrados de gestión (ERP):* http://tinyurl.com/yxaem2j2
- *Gestión de la configuración del software:* http://tinyurl.com/rehjeed

Glosario

- *ADSL:* técnica de transmisión de datos que se aplica sobre los bucles de abonado de la red telefónica, permitiendo una alta velocidad en la transmisión de datos.
- *Bases de datos relacionales:* es una base de datos donde los datos están organizados como tablas de valores y donde todas las operaciones de la base se realizan con los datos incluidos en estas tablas.
- *Enmascaramiento de IP:* se produce cuando el servidor identifica que uno de los equipos de la red intenta conectarse a una dirección fuera de la red, siendo el mismo servidor el que realiza la petición por sí misma en lugar de que la máquina cliente la haga. De este modo el servidor toma la dirección IP de la máquina que hace la solicitud, la oculta con la dirección IP que le ha sido asignada, la envía y cuando llega el paquete de respuesta lo reenvía a la máquina que hizo la petición.
- *Login:* término utilizado para referirse al ingreso a las cuentas de usuario, a los sistemas o a los servicios. Es el proceso por el cual un usuario se autentifica para acceder a un servicio o sistema introduciendo correctamente un nombre de usuario y una contraseña determinada.
- *Paquete de datos:* conjunto de datos consecutivos que son enviados de un ordenador a otro a través de una red.
- *Red LAN:* conjunto de equipos que pertenecen a una misma organización y que están conectados en una pequeña área geográfica a través de una

red Ethernet. La transferencia de datos varía entre los 10 Mbps hasta el 1Gbps. Una LAN puede tener entre cien y hasta mil usuarios.

- *Red WAN:* conexión de red que conecta entre sí varias redes LAN, ampliando la cobertura geográfica de las mismas. La velocidad de la WAN varía en función de las conexiones establecidas entre las distintas redes.
- *Redundancia:* almacenamiento del mismo dato varias veces en lugares diferentes. Este múltiple almacenamiento puede provocar problemas como por ejemplo el desaprovechamiento de espacio de almacenamiento o inconsistencia de datos (sobre todo cuando uno de los datos no está actualizado).
- *Router:* dispositivo de interconexión de redes informáticas que asegura el enrutamiento de paquetes entre redes o bien especifica la ruta que debe tomar el paquete de datos.

Resumen

- Este tema se ha centrado en el sentido y la necesidad de poner en marcha un software de gestión y mantenimiento de activos informáticos que no sólo tenga registrado y documentado todo el material informático del que disponga una empresa u organización, sino que también ponga en marcha una serie de mecanismos adecuados de control y de administración de todo el hardware y software, asignando determinados permisos de acceso al sistema, a sus archivos y a sus directorios a los usuarios que así lo soliciten. También nos hemos referido en este tema a la consola del sistema y su utilidad, proporcionando una respuesta visible y completa a las necesidades de información del usuario, el cual puede introducir determinados comandos dentro de la consola y obtener mucha información de interés sobre nuestro sistema informático, su funcionamiento, sus características o su rendimiento.

Bibliografía

JONES, C. *Estimación de costos y administración de proyectos de software,* Editorial Mc Graw-Hill, México, 2008.

LAUDON, C. *Management Information Systems,* Mc Graw-Hill, 2005.

PEARLSON, K.E. y SANDERS, C.S. *Managing and using information systems.* Editorial John Wiley&Sons, 2006.

PIATTINI, M. y GARZAS, J. *Fábricas de software: experiencias, tecnologías y organización,* Ra-Ma Editorial, Madrid, 2007.

PRESSMAN, R. *Ingeniería del software: un enfoque práctico,* Mc Graw-Hill, Madrid, 2003.

SENN, J.A. *Análisis y diseño de sistemas de información,* Editorial Mc Graw-Hill. 2020.

SOMMERVILLE, I. *Ingeniería del software,* Pearson Educación, Madrid. 2020.

6. EL INVENTARIO DE SOFTWARE

INTRODUCCIÓN

En el siguiente tema nos centramos en explicar de forma más detallada el valor y la importancia del inventario de software dentro de la organización, el cual no es sólo la recopilación escrita y organizada de materiales, objetos, programas o dispositivos varios con los que cuenta la organización para hacer su trabajo en las mejores condiciones, sino también el término inventario apela a la propia organización de la organización cuando éste se convierte en un baremo fiable para medir la capacidad organizativa y de gestión de la propia organización como tal.

A lo largo del tema explicaremos para qué sirve el inventario, qué funciones y qué características tiene, entre las cuales se podría destacar la elaboración de informes de materiales o el registro organizado de todos los elementos de software de la organización.

OBJETIVOS

- Realizar la identificación de componentes software del sistema para su utilización según unas especificaciones dadas.
- Comprobar el registro de un componente software en el inventario y registrar los cambios detectados.

MAPA CONCEPTUAL

6.1. Registros y bases de datos del software instalado

Como ya explicamos en el tema anterior, las bases de datos nos facilitan la tarea de registrar y almacenar datos en una tabla. Indicamos también que la mayoría de bases de datos funcionan como bases de datos relacionales, es decir, dividen la información introducida por el usuario en varias tablas que se convierten en una sola cuando el usuario solicita información más concreta o exacta que está almacenada en la base de datos.

Las bases de datos relacionales tienen dos *elementos* fundamentales:

- *Tablas,* que son los lugares donde se almacena la información que introduce el usuario.
- *Relaciones,* las cuales permiten extraer determinados resultados según los datos que haya en la tabla y que mantienen la integridad de la información almacenada (integridad referencial).

Las tablas se componen de los siguientes *elementos:*

- *Campos/Columnas:* representan las categorías de información que almacena la tabla, como por ejemplo el nombre, los apellidos, la dirección, el correo electrónico, etc. en una tabla donde consultar los clientes de una empresa.
- *Registros/Filas:* representan los valores individuales o concretos de los campos. Es el lugar donde escribimos el dato o la información asociada

a un campo determinado. Por ejemplo en la columna nombre escribiremos el nombre del cliente: Juan; en la columna teléfono escribiremos su número de teléfono: 912345678.

6.2. Herramientas software de inventario

Aparte de proveer de las herramientas necesarias para realizar un seguimiento controlado del inventario de la empresa/organización, éste también puede ser un apoyo para gestionar relaciones con los clientes, organizar un calendario para la compra de bienes para la empresa o servir como escenario desde el cual obtener los datos necesarios para la realización de determinados informes para la organización.

El software de inventario puede proveer de mucha información de interés para supervisar el equipamiento físico y lógico de la organización, además de ser el sistema con el que gestionar y controlar todo el entramado de componentes con los que cuenta o debería contar la empresa/organización para realizar su trabajo de la mejor manera posible y con los mínimos fallos en el sistema.

6.2.1. Funciones básicas

Entre las múltiples posibilidades que nos ofrecen algunos programas de gestión de inventarios está la configuración de alarmas cuando las existencias de un cierto elemento están llegando a niveles mínimos, evitando de este modo la falta de existencias de un componente determinado, lo que redundaría en una mala imagen de la organización y de su sistema general de gestión. Asimismo ofrece la posibilidad de ver en tiempo real el inventario disponible en otro lugar para no perderlo de vista y tenerlo a su vez también controlado.

Con los programas de administración de inventarios se pueden controlar todos los inventarios de la organización situados en cualquier lugar, pero esto sólo será eficaz cuando la información esté actualizada. Una mala sintaxis en los datos del inventario o la no actualización de los mismos pueden producir graves fallos en la gestión, lo que siempre redundará en aspectos negativos para la organización y para su equipo de gestión.

Otra de las características básicas a considerar cuando buscamos un software para inventarios es que éste sea capaz de funcionar con monedas de países diferentes, sobre todo si se hacen transacciones comerciales con personas de otros lugares. Esto quiere decir que el software debe ser capaz de calcular automáticamente el valor resultante de la conversión de la moneda local en el valor de la moneda del país de destino para que de esta forma tengamos más controlado el aspecto económico de la gestión del inventario.

Por otro lado el software debe ser capaz de administrar las órdenes recurrentes de clientes que están comprando continuamente o que hacen muchas consultas al servicio técnico. Para ello, quizá una posible solución puede ser la organización en tablas únicas de determinados clientes o usuarios que o bien compran muchos artículos o bien hacen muchas consultas a los servicios técnicos de la organización, de modo que esos *usuarios especiales* (por el volumen de atención que precisan o por el contacto casi continuo que tienen con los miembros de la organización) sean atendidos eficazmente.

En la búsqueda del mejor software para manejar inventarios debemos buscar aquel que nos permita construir y asegurar las bases de datos de clientes y de proveedores. En este sentido uno de los problemas que debe ser capaz de resolver el software es la configuración de accesos a empleados que necesiten consultar la información sobre determinados usuarios pero que no deben acceder ni ver la información sensible sobre ellos. El software de inventario debe tener la capacidad de administrar esos accesos a la base de datos de modo que sólo se pueda consultar la información concreta relacionada con la gestión y la administración de la organización pero impedir que se pueda acceder a datos sensibles de los clientes/ usuarios como por ejemplo su número de documento de identidad, su número de cuenta corriente o sus claves de acceso al sistema entre otros.

Otra característica a la cual ya hemos hecho referencia antes es que el software de inventario debe facilitar la creación, el diseño y la impresión sin problemas de informes personalizados sobre los campos que la organización o el cliente necesite, por lo que debe permitir, entre otras opciones, la importación/ exportación de datos para incluir en los informes, y debe contar con las funcionalidades básicas para poder personalizar esos informes según las orientaciones o las necesidades de quien los encarga.

Algunas de las aplicaciones de inventario permiten exportar los archivos en formato .csv, en formato Excel (.xls) o en archivos de texto, los cuales pueden ser usados para incluir información en el informe o por ejemplo en la página web que podamos tener de la empresa facilitando la consulta de esa información tanto al usuario o al cliente y se pueda generar de este modo un informe satisfactorio para ambas partes.

Una cuestión importante a tener en cuenta es que el software de inventario debe ser accesible, es decir, que la facilidad y la comprensión de uso del software deben ser algunas de sus prioridades cuando nos planteemos su diseño o su adquisición. El software tiene que crearse para que pueda ser usado por cualquier tipo de usuario, tenga o no tenga conocimientos informáticos.

El software debe ser claro, comprensible y fácil de manejar para no producir interferencias en la gestión de la organización, y que los responsables del mismo puedan manejarlo con los mínimos problemas e inconvenientes posibles. El software de inventario debe así ofrecer tutoriales y guías de configuración del mismo que nos ayuden a incorporar los datos precisos y saber cómo trabajar con ellos.

El software debe contar con las herramientas básicas de configuración y de acceso a los datos para que se puedan añadir y relacionar de la mejor forma. También debe contar con un servicio de ayuda y atención técnica en la página web del fabricante del software, a la cual se pueda acudir cuando surjan problemas en la organización de los datos.

El software de gestión del inventario ayudará a gestionar mejor el negocio aportando importantes funcionalidades como la administración de las devoluciones o la implementación de sistemas de alerta temprana cuando se llegue a inventarios mínimos.

Hay que conocer, evaluar y finalmente decidir entre diferentes opciones para saber cuál es la más adecuada a nuestros intereses y la que va a aportar más cosas a la organización, sin dejarnos llevar sólo por el nombre, por el coste o por las opiniones de los usuarios que lo están utilizando. En este sentido debemos pensar ¿Para qué quiero el software? ¿Qué quiero que le aporte a mi organización? ¿Qué aspectos debo tener más en consideración a la hora de elegirlo: facilidad de uso, buen soporte técnico, compatibilidad, interfaz gráfica comprensible, coste, etc.?

La obtención y utilización de un buen software de gestión de inventarios ahorrará muchos quebraderos de cabeza a la empresa/organización, facilitará la relación con los propios clientes y el conocimiento más profundo de los elementos que forman parte de la empresa/organización, llevando un exhaustivo control de los artículos disponibles y de los artículos que se necesitan, de modo que el cliente/usuario nunca quede insatisfecho por la atención recibida y la empresa /organización pueda contar con una herramienta de uso sencillo, accesible para cualquier empleado, que le facilite una tarea complicada pero a la vez muy importante como es el control y la administración de los elementos y recursos de la empresa, y mucho más cuando ésta tenga un aparato comercial de venta o de alquiler de productos informáticos o alquiler de otro tipo, en los que ese control es aún más necesario y cobra mucha más importancia dentro de la infraestructura general de la organización. Es tan importante el diseño y desarrollo de estrategias de venta que atraigan a más clientes como lo es saber qué cantidad de papel de impresora queda en el almacén, puesto que tanto un aspecto como el otro siempre van a redundar en la propia organización y en el cliente que espera una atención y un servicio adecuados.

- *Ejemplos de software de control de inventario gratuitos:* http://tinyurl.com/ra89nzn
- *Programas de control de inventario:* http://tinyurl.com/u6j4u9k

6.2.2. El inventario de software

En el punto anterior hemos comentado algunas de las funciones y de las características que debe tener un buen inventario de software. En este punto vamos a explicar algunos de los factores y de las cuestiones relacionadas con el inventario de software a las que se debe prestar la atención adecuada cuando se quiere planificar la metodología a seguir

dentro del inventario y cómo desenvolverse con algunas de sus funcionalidades más importantes.

6.2.2.1. Obtención de aplicaciones instaladas

Cuando queremos recopilar un inventario de aplicaciones o de elementos varios para la organización debemos considerar varios *factores* entre los que se encuentran los siguientes:

❖ *Administración o no administración del entorno*

De forma generalizada un inventario de equipos es más fácil de realizar en entornos administrados porque así se pueden controlar mejor las aplicaciones que se pueden instalar en cualquiera de los equipos que estén administrados. Es probable que dicho equipo administrado cuente con una lista de aplicaciones compatibles ya aprobadas, cuya lista puede verse en todos y cada uno de los equipos administrados. En este sentido se refiere a que es más fácil realizar un inventario de software cuando los equipos cuentan con la misma configuración de sistema y tienen las mismas aplicaciones.

Un equipo administrado quiere decir que los responsables de la organización han acordado que todos los equipos tengan las mismas características y también los mismos programas instalados para llevar a cabo una correcta administración y gestión del sistema y realizar con todos los medios disponibles las tareas asignadas a su puesto o función dentro de la organización.

En entornos no administrados (donde no se han acordado qué programas y aplicaciones deben instalarse en los equipos de la organización) es más difícil detectar todas las aplicaciones instaladas, tanto las admitidas de forma oficial por la organización, las aprobadas pero no admitidas o las que están en trámites de aprobación, además de todos los programas que el usuario puede haber instalado por su cuenta (y riesgo).

ENTORNO ADMINISTRADO --------- Igualdad de características y aplicaciones

ENTORNO NO ADMINISTRADO ----- Libertad para instalar aplicaciones

La mayoría de organizaciones se encuentran en medio de este dilema: tienen una combinación de un repositorio central de aplicaciones y de imágenes junto con un número indeterminado de aplicaciones (que son excepciones dentro de la organización), y cuentan únicamente con dos *tipos de información:* los programas que han sido aprobados por la propia organización para instalar en sus equipos y todos los programas que han sido instalados por los usuarios pero que no han recibido la aprobación ni el permiso de la organización para ser instalados.

❖ *Infraestructura tecnológica centralizada o autónoma*

Las organizaciones que tienen una infraestructura centralizada cuentan con una ventaja a la hora de recopilar un inventario de aplicaciones porque tendrán en cuenta todos los departamentos de la organización y estarán en contacto con todos ellos para saber qué aplicaciones tienen instaladas o han instalado en sus equipos, muchas de las cuales tendrán relación con las funciones del propio departamento (el departamento de programación debe contar con lenguajes de programación como Java o C++ para desarrollar su labor, al contrario que el departamento de diseño gráfico, el cual no tiene por qué tener instalados en sus equipos esos programas pero sí aplicaciones de diseño gráfico como Photoshop o CAD entre otros); por eso decimos que las aplicaciones instaladas dependerán de la función que realiza cada departamento en la organización.

Por otro lado las infraestructuras tecnológicas descentralizadas tendrán más dificultad a la hora de comunicar sus inventarios individualizados por los límites organizativos, geográficos o de coste que implican. En la mayoría de estas infraestructuras la falta de comunicación entre los departamentos de la organización dentro y fuera del entorno más cercano es un inconveniente que tiene como resultado que la relación de inventarios sea más complicada de lo normal porque cada uno puede tener instalado el software que más le convenga a sus propósitos, a veces sin considerar los objetivos de la organización.

❖ *Disponibilidad de las herramientas de inventario*

Las organizaciones menores que no cuentan con un software de administración de inventarios deben seleccionar la herramienta más adecuada para su recopilación. Aunque es posible realizar un inventario de forma manual, siempre existe el riesgo de cometer errores u omisiones en los datos introducidos o en las aplicaciones instaladas.

El software de inventario puede recopilar de la forma más eficaz posible la lista de aplicaciones que están instaladas y en ejecución dentro de cada uno de los equipos de la organización. Este control de aplicaciones proporcionará grandes beneficios a cualquier organización pues dispondrán en todo momento de la información necesaria para llevar un mejor control de los elementos de software con los que cuenta la organización y que utiliza en su trabajo diario.

❖ *Ámbito de aplicación del software*

El número de equipos es un factor determinante cuando se va a realizar un inventario, pero no es algo tan sencillo como la simple especificación del número de equipos que vayan a incluirse en el inventario.

Una forma de reducir el número de equipos que se va a añadir en el inventario es considerar sólo aquellos que estén administrados (en los que en principio no se permite al usuario instalar su propio software) y realizar el inventario cuando están identificados todos los roles de usuario dentro de la organización (asignación de permisos de acceso al sistema). En este caso, cuando los equipos están administrados y hay una clara división de roles en la organización se puede entonces realizar un inventario de la muestra de equipos de cada uno de los roles y de las ubicaciones específicas.

En entornos no administrados o parcialmente administrados se puede permitir que los usuarios instalen su propio software aunque existan luego cientos de aplicaciones instaladas en sus ordenadores aparte de las aprobadas por la organización.

El número de roles de usuario (permisos de acceso) también afecta al ámbito local del inventario, ya que se debe incluir equipos representativos de cada uno de los roles para garantizar una cobertura adecuada del software de la organización. Por ello se prefiere entonces trabajar y registrar mejor siempre aquellos equipos administrados por la facilidad y el nivel de organización similar que tienen y que pueden facilitar el trabajo de inventariado a los encargados de esa tareas.

6.2.2.2. Realización de consultas a la base de datos

Podemos definir la consulta como una solicitud de datos que cumplen con una serie de características específicas. Las consultas que se usan para recuperar los datos en una tabla o para realizar cálculos se denominan cálculos de selección. Las consultas que agregan, modifican o eliminan datos de la base se denominan consultas de acción.

CÁLCULOS DE SELECCIÓN --------- Recuperan datos o hacen cálculos

CONSULTAS DE ACCIÓN ----------- Agregan, modifican o eliminan datos

También se puede crear una consulta para obtener datos que puedan ser utilizados para un formulario o para incluir en un informe. De este modo los formularios pueden usar las consultas para que únicamente aparezca en la pantalla toda la información requerida. Y los informes pueden utilizar las consultas para por ejemplo imprimir sólo los registros que sean de mayor interés para sustentar o fundamentar el tema desarrollado en el informe.

Las consultas también pueden estar basadas en otras tablas e incluso en otras consultas (una consulta de una consulta), y se pueden utilizar para seleccionar, modificar, añadir o eliminar determinados registros de una base de datos.

Al igual que ocurre con las tablas, las consultas tienen también una vista Diseño. En realidad las consultas tienen dos tipos de vista: la vista Diseño y la vista SQL.

La vista Diseño (como comprobamos en la imagen de la página siguiente) proporciona una interfaz de usuario sencilla y comprensible para que podamos crear y/o modificar las consultas.

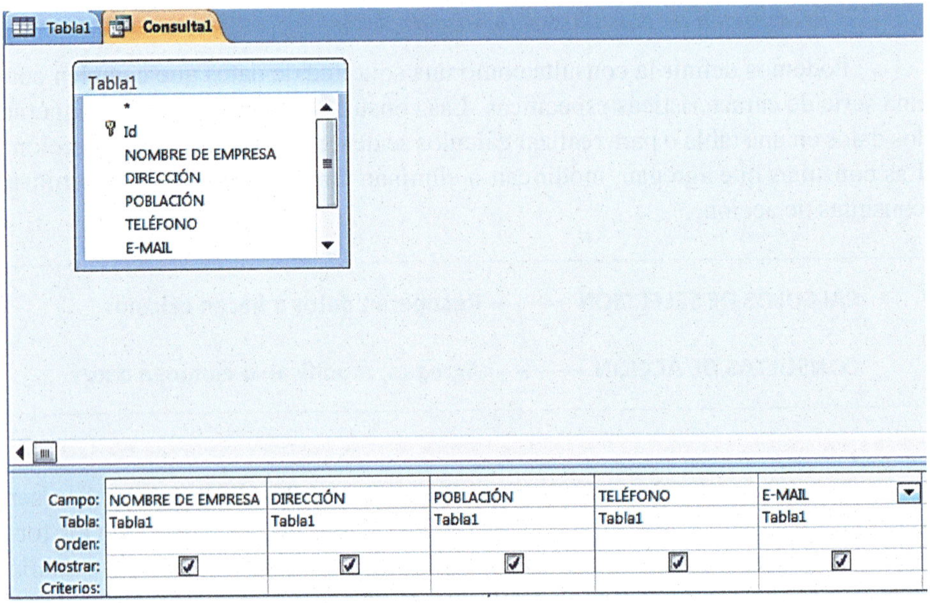

La vista SQL (en la siguiente imagen), por su parte, permite modificar parte del código utilizado para definir la consulta por el lenguaje SQL (Structure Quero Lenguage, Lenguaje de Consulta Estructurado), que es por definición el lenguaje informático utilizado para crear consultas en las bases de datos, pero que no es tan accesible y menos comprensible para muchos usuarios, ya que requiere de ciertos conocimientos sobre lenguajes de programación.

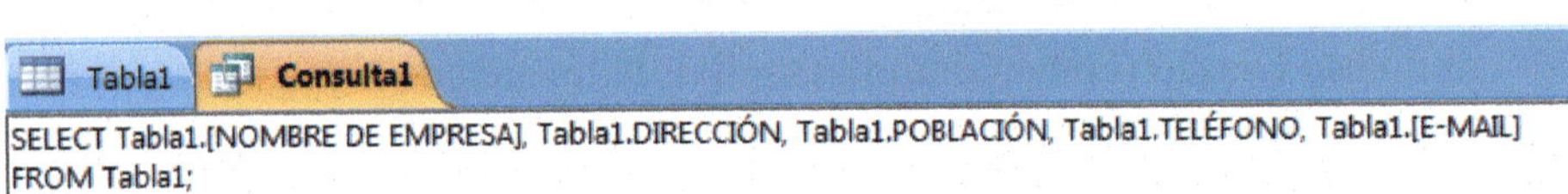

6.2.2.3. Generación de informes

Un informe puede ser definido como un método sencillo y eficaz de presentar datos en formato impreso (en papel). En este sentido el usuario puede controlar el tamaño y el aspecto final de todos los elementos de un informe y mostrar la información de la manera en la que él mismo elija (el programa permite la personalización de los informes).

Los informes nos permiten el envío de los datos a través de diferentes medios como la impresora o un mensaje de correo electrónico, en un sistema fácil de leer para el receptor del informe. Se pueden enviar informes a la impresora o exportar el informe con distintos formatos. Incluso podemos publicar los informes resultantes tanto en Internet como en una intranet privada porque al fin y al cabo lo interesante de tener unos datos, unos resultados, unos informes, es compartirlos con otros para que visualicen los resultados y poder compartir con ellos opiniones o puntos de vista interesantes y productivos sobre los resultados obtenidos.

En los informes, tal y como ocurría con las consultas, se parte de una tabla o de una consulta para proporcionar los datos adecuados para realizar el informe. La parte referida al diseño del informe determina cómo se presentarán los datos al imprimirlos, exportarlos a otros programas o cuando obtenemos una vista preliminar del informe. Los informes también pueden basarse en varias tablas y consultas para mostrar algunas relaciones complejas existentes entre los propios datos. El programa Access de la suite ofimática Office dispone además de muchas plantillas de modelo que podemos utilizar para visualizar los datos.

La mayoría de informes están enlazados a una o más tablas y consultas de la base de datos. El origen de los registros de un informe hace referencia a los campos de las tablas y de las consultas que vamos a utilizar para crear el informe.

Debemos empezar pensando en ese origen de los registros del informe. Aunque el informe sea un listado sencillo de registros o un resumen agrupado de las ventas de productos por ejemplo, primero se debe determinar qué campos contienen los datos que deseamos ver en el registro y en qué tablas o consultas están almacenados esos datos que vamos a utilizar para crear el informe.

Una vez seleccionado el origen de los registros podemos crear el informe de forma manual o bien utilizando un asistente. El Asistente para informes es una de las utilidades del programa Microsoft Office Access que va guiando al usuario por una serie de preguntas relacionadas con el diseño, la selección y la presentación de los datos que tiene como finalidad la obtención de un completo informe que recoja todas las respuestas que le hemos proporcionado al asistente.

A continuación desarrollamos un ejemplo de creación de informes utilizando el programa Access:

Contamos para empezar con una tabla donde hemos registrado la información sobre varias empresas con sus datos principales (nombre de la empresa, dirección, población, teléfono y email).

Tabla1

Id	NOMBRE DE EMPRESA	DIRECCIÓN	POBLACIÓN	TELÉFONO	E-MAIL
6	PROFIDEN	C/BENITO MARTÍNEZ, 23	MADRID	914478958	rrhh@profiden.es
9	EMBUTIDOS GONZALEZ	C/ANGUSTIAS, 189	LEGANÉS	916754210	embutidosgonzalez@yahoo.es
10	CONSTRUCCIONES PEGASO	C/TIOVIVO, 30	MADRID	663258720	
11	POLLO LOCO	C/ GALLINA, 3	ALCORCÓN	912345678	

Para crear un informe en Access podemos utilizar dos vías: Utilizar el Asistente para informes o hacerlo sin el asistente.

Para hacerlo sin asistente hacemos clic en el icono Informe de la cinta de opciones y el resultado del informe nos aparece directamente en la pantalla como vemos en la imagen.

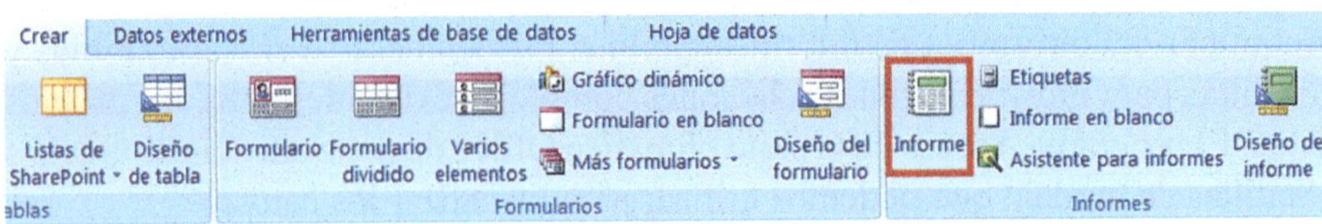

Tabla1

NOMBRE DE EMPRESA	DIRECCIÓN	POBLACIÓN	TELÉFONO	E-MAIL
PROFIDEN	C/BENITO MARTÍNEZ, 23	MADRID	914478958	rrhh@profiden.es
EMBUTIDOS GONZALEZ	C/ANGUSTIAS, 189	LEGANÉS	916754210	embutidosgonzalez@yahoo.es
CONSTRUCCIONES PEGASO	C/TIOVIVO, 30	MADRID	663258720	
POLLO LOCO	C/ GALLINA, 3	ALCORCÓN	912345678	
4				

Uno de los inconvenientes de no utilizar el asistente es que el informe tiene en consideración todos y cada uno de los registros de la tabla y no ofrece tantas posibilidades de personalización del informe como las que sí ofrece el asistente.

Para utilizar el asistente pulsamos sobre Asistente para informes de la cinta de opciones.

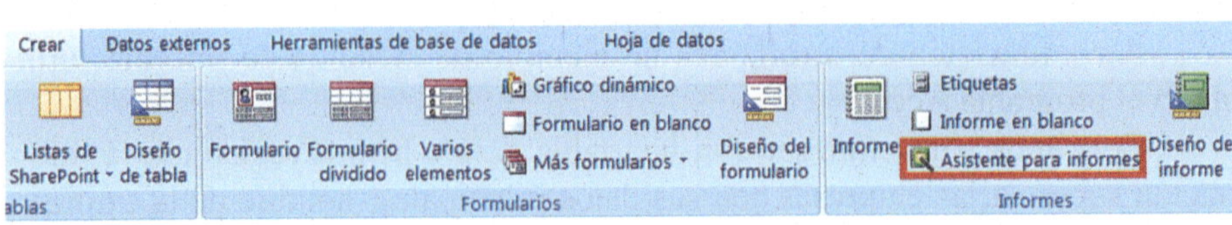

El siguiente cuadro nos permite seleccionar los campos que queremos incluir en el informe (quizá nos interese incluir unos campos específicos y dejar de lado otros). Para este ejemplo indicamos al programa que los campos que debe seleccionar de la tabla son los campos Nombre de empresa, Teléfono, Email. Una vez seleccionados los *campos* hacer clic en Siguiente.

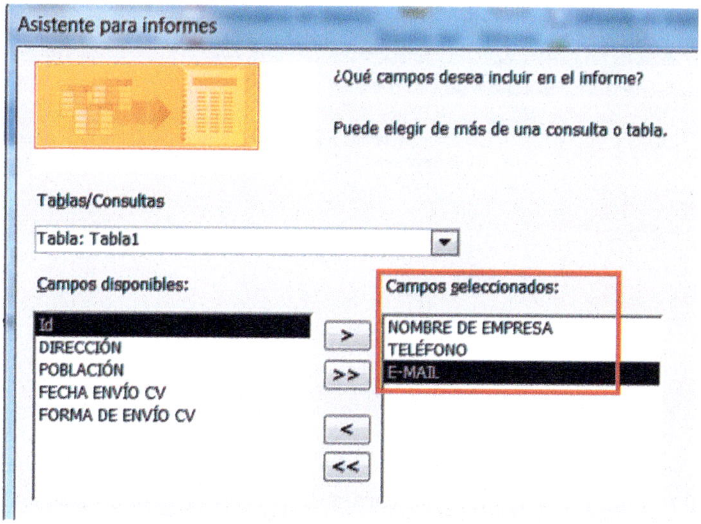

El programa nos solicita un nivel de agrupamiento (orden en la presentación de los datos). En este caso no seleccionamos ningún nivel de agrupamiento y pulsamos sobre Siguiente.

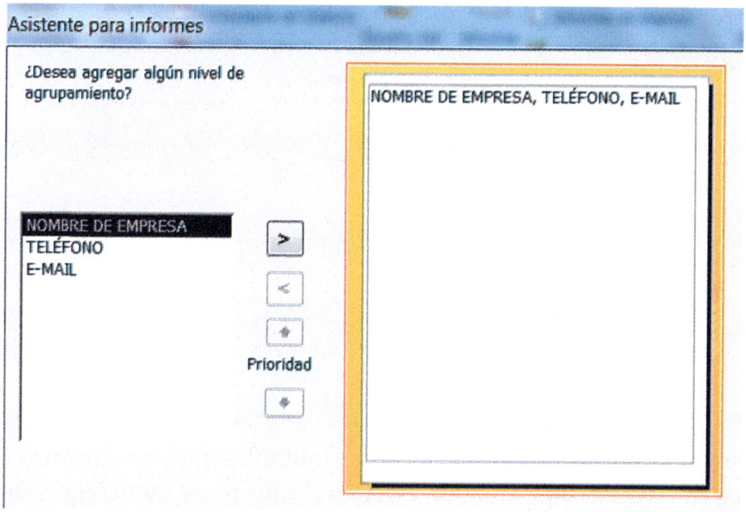

El siguiente cuadro nos solicita criterios de organización para utilizar los registros. No seleccionamos ningún criterio y hacemos clic en Siguiente.

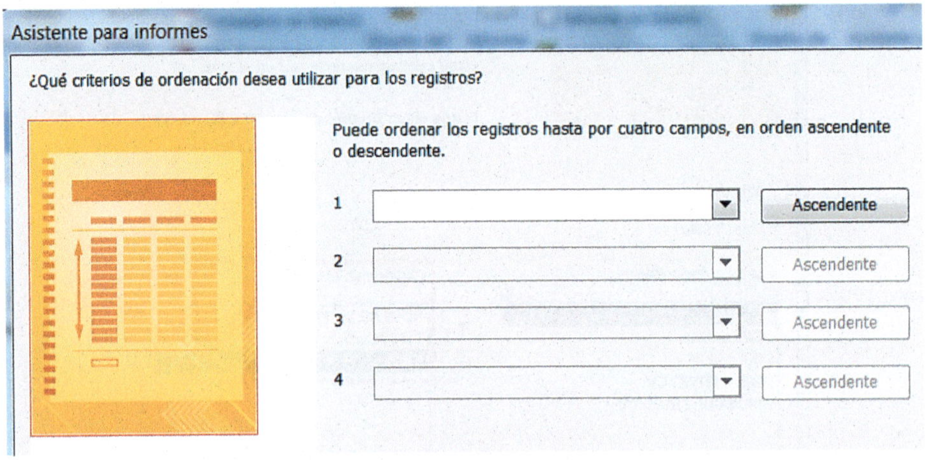

El siguiente paso es elegir la forma de presentar los campos en el informe seleccionando la orientación de la página y la distribución. En este caso escogemos Distribución Tabular y Orientación Horizontal y dejamos activada la opción para ajustar el ancho del campo. Hacer clic en Siguiente.

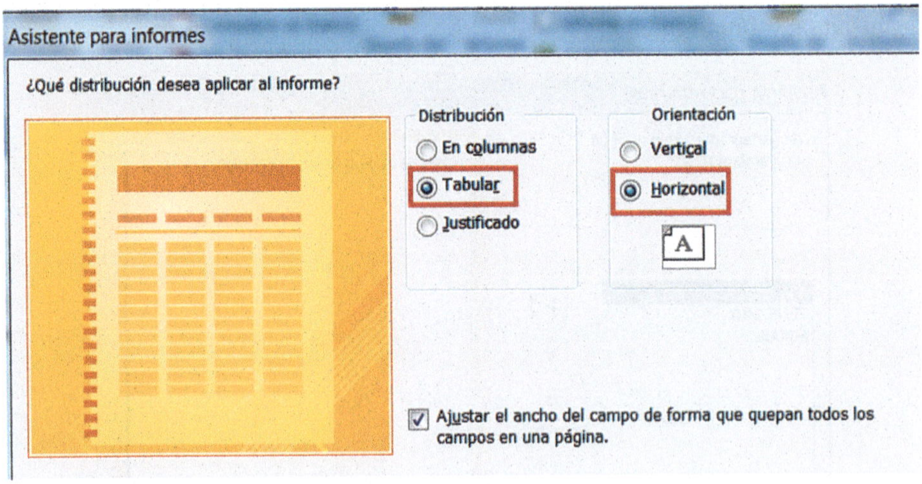

Definir el estilo del informe entre las múltiples opciones que nos ofrece el programa. Si no conocemos ningún estilo podemos pasar un tiempo viendo cada uno de ellos y cómo queda el informe. Para este informe de ejemplo seleccionamos el estilo Módulo. Hacer clic en Siguiente.

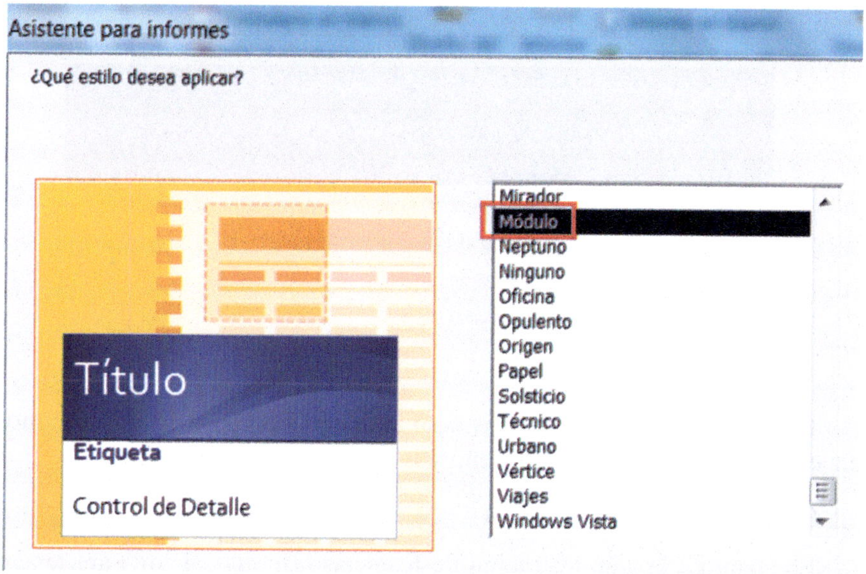

Finalmente, y como último paso antes de la creación del informe con las características y formatos que hemos definido podemos poner un nombre al informe y tener una vista previa o modificar el informe. Para este ejemplo dejamos el cuadro sin realizar cambios. Pulsar en Finalizar.

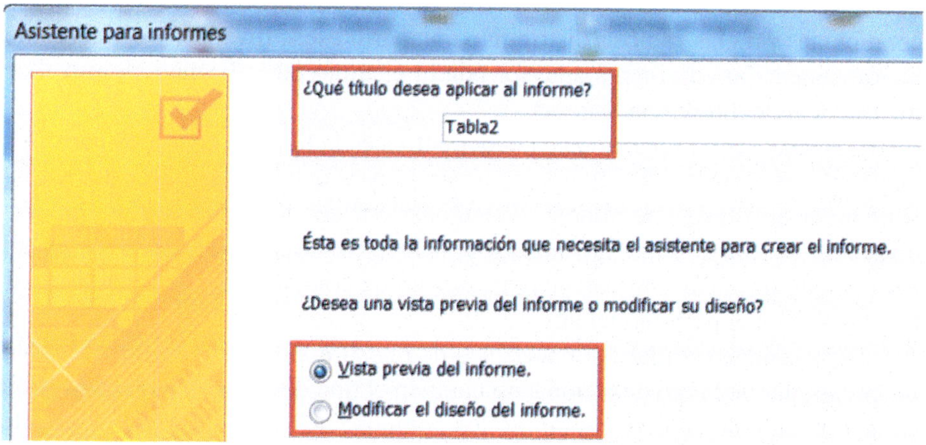

Al hacer clic en Finalizar le pedimos al programa que nos genere el nuevo informe con las respuestas que hemos dado a las preguntas del asistente y el resultado es el que vemos en la siguiente imagen:

Tabla2

NOMBRE DE EMPRESA	TELÉFONO	E-MAIL
PROFIDEN	914478958	rrhh@profiden.es
EMBUTIDOS GONZALE	916754210	embutidosgonzalez@yahoo.es
CONSTRUCCIONES PE	663258720	
POLLO LOCO	912345678	

De este modo el asistente nos permite elegir los campos que queramos y una cierta personalización en el diseño y la presentación del informe.

6.2.2.4. Administración de licencias

En cuanto a la administración de licencias referidas al software tenemos que conocer cuáles son nuestras prioridades y nuestras necesidades concretas para poder realizar una gestión efectiva de las licencias.

Podemos otorgar permisos de lectura, edición e impresión de los informes a determinados usuarios, por ejemplo. O si creamos un software de aplicación propio deberemos estar seguros de la orientación legal y del tipo de licencia que queremos otorgar al mismo (si software comercial o software libre) y bajo qué condiciones y reglas vamos a distribuir o compartir ese software comercial (como hicimos mención en el tema anterior con el ejemplo de la licencia de uso y de distribución del programa Winrar).

En este sentido podemos entender entonces la licencia como los permisos que se van a otorgar a los diferentes usuarios para que puedan hacer uso y disfrute de un software determinado o bien bajo qué condiciones y reglas vamos a distribuir un software que hayamos diseñado y creado nosotros mismos. Sobre los tipos de licencias, sus características y a qué compromete cada una de ellas hablaremos en el próximo tema.

Queremos recordar la importancia de registrar en la base de datos no sólo los programas de la organización sino también el tipo de licencia que tienen. Esta es una medida de administración de los componentes de software que permite conocer en todo momento a quien lo necesite el tipo de licencia del programa que está utilizando en sus respectivas tareas.

Llevar el control de los tipos de licencia de los programas permitirá evitar males mayores cuando se use indebidamente uno de los problemas de la infraestructura y se genere una alerta que avise de ese hecho a los responsables pertinentes.

En todo momento se debe respetar la legalidad y apoyar la salvaguarda de los derechos de autor dentro de la organización, formando a los trabajadores sobre las licencias y explicando qué tipos de programas se pueden usar con libertad y cuáles están sujetos a ciertas normas que están especificadas en las licencias de cada programa, de las cuales también es conveniente tener almacenadas una copia por si surgiera cualquier conflicto con la utilización de un programa determinado y a las que se puede acudir para consultar los términos en los que se distribuye ese software.

6.2.2.5. Otras operaciones

Una organización pequeña, que no cuente con los suficientes recursos tecnológicos o no pueda realizar la importante inversión que requieren, podría realizar el inventario de forma manual para no perder el control de todos los elementos con los que cuenta. En este sentido, el administrador de la infraestructura tecnológica de una pequeña empresa, en vez de usar bases de datos para realizar los inventarios correspondientes, podría optar por crear una hoja de cálculo o un documento de texto en que estuvieran incluidas todas las aplicaciones de cada equipo con su nombre, número de serie si la tienen, tipo de licencia, fecha expiración de la licencia, etc.

Para hacer una lista podría por ejemplo iniciar sesión en todos los equipos y hacer una lista de ellos desde el menú Inicio o bien pasando un formulario a cada usuario para que le proporcionen los datos concretos de las aplicaciones y programas instalados en cada uno de los equipos. Esta metodología de recolección de datos puede verse afectada por los programas que instalen los usuarios y que no estén visibles al iniciar la sesión o por la honestidad en las respuestas a las preguntas formuladas a los usuarios sobre los datos de sus equipos, en las cuales pueden eliminar aplicaciones que tengan instaladas o modificar otros datos del equipo.

La recopilación y almacenamiento de los datos de los equipos y de las aplicaciones con las que cuentan (inventario de hardware y de software) se convierte en una tarea de gran importancia para todas las organizaciones, independientemente de su tamaño o de su presupuesto, ya que todas ellas deben contar con un sistema eficaz de control y de revisión de componentes tecnológicos físicos y lógicos para no perjudicar a la organización en caso de fallos y para procurar todas las herramientas que estén al alcance para cumplir con la mayor celeridad y profesionalidad posible los interrogantes y las solicitudes que los usuarios/ clientes puedan hacer al sistema, el cual debe estar siempre preparado para responder a todas las incidencias que se puedan presentar, y a las que debe dar una rápida solución.

El inventario de componentes de hardware y de software permite así saber con seguridad y total garantía con qué elementos cuenta la organización para atender todas las peticiones que le llegan, tanto a nivel interno como a nivel externo. Esta detallada recopilación de elementos y componentes varios permite a la organización una mejor gestión de sus recursos informáticos y puede procurar una mejor eficiencia en el trabajo para los responsables del inventariado que conocen de primera mano las necesidades de la empresa en cuanto a materiales se refiere. Y por otro lado permiten llevar un control más adecuado del trabajo que realiza cada miembro de la organización y los problemas que pueden presentarse en sus equipos, llevando un registro minucioso de todo aquello para que pueda ser consultado y analizado siempre que se desee.

El inventario entonces no es un simple medio de controlar los recursos de la organización sino también un medio de controlar el trabajo general de la misma con todo lo que en ella acontece casi en cada momento.

Ejercicio práctico

Este ejercicio se refiere a la posibilidad de identificar y comprobar el registro de un componente software en el inventario y registrar los cambios detectados.

Diseñar y crear una base de datos con el programa Microsoft Office Access en la cual se incluyan todos los elementos de hardware y de software con los que cuente una organización determinada. Una vez creada la base de datos se solicita por parte de la gerencia de la organización un informe con todo el inventario de software que dispone.

Enlaces de interés

- *Libro en PDF: Fundamentos de la gestión de inventarios de Julián Andrés Zapata:* https://tinyurl.com/y3jjggln
- *Software de gestión de inventarios y de código abierto:* https://tinyurl.com/ra89nzn
- *Documento con manual de gestión de inventarios:* https://tinyurl.com/t8eo4sb
- *Tesis de control de inventario de software y hardware:* https://tinyurl.com/yxx8zfwc
- *Guía de Inventario:* https://tinyurl.com/scfltwd
- *Tesis sobre desarrollo de software para análisis de inventario en una planta ensambladora de vehículos:* https://tinyurl.com/yxra9p77
- *Aplicaciones sobre inventario de software:* https://tinyurl.com/yxdeoywy
- *Tesina que contiene un modelo de inventario para empresa:* https://tinyurl.com/u7lcat9
- *Por qué adquirir un software de gestión de activos:* https://tinyurl.com/y63pp5mv
- *Gestión de la configuración del software:* http://tinyurl.com/rehjeed
- *Libro Sistemas informáticos:* https://tinyurl.com/yx792xt6

Glosario

- *Access:* programa que permite crear y administrar bases de datos.
- *Asistente:* herramienta al servicio de usuarios que abrevia los pasos a seguir para realizar una tarea o bien la muestra de manera más comprensible para el usuario. Los asistentes hacen más sencillas las tareas de instalar dispositivos, instalar programas o llevar a cabo determinadas tareas.

- *Base de datos:* colección de información organizada de forma que un programa de ordenador puede seleccionar rápidamente los fragmentos de datos que necesite. Una base de datos es un sistema de archivo electrónico. Las bases de datos se organizan en campos, registros y archivos.
- *C++:* lenguaje de programación diseñado a mediados de los años ochenta por Bjarne Stroustrup. La intención de su creación era extender el lenguaje de programación C con mecanismos que permitieran la manipulación de objetos. Una particularidad de este lenguaje es la posibilidad de redefinir los operadores y de crear nuevos tipos que se comporten como tipos fundamentales. Un ejemplo de programa en C++ es el clásico Hola mundo.
- *Consulta:* en inglés query, es una forma de buscar, encontrar y exhibir cierta información extrayéndola entre un gran número de datos que almacena la base. Los datos pueden provenir de una o de varias tablas.
- *Entorno:* espacio o escenario informático donde operan determinados comandos, funciones o características comunes. Entre los entornos más utilizados están las aplicaciones y el software de programación, los cuales disponen de elementos y variables compartidas de manera que el desarrollador pueda operar en consecuencia. Otro entorno típico es el entorno de escritorio, que se define como el conjunto de las aplicaciones y programas que brindan al usuario una experiencia interactiva, sencilla, rápida y amigable.
- *Informe:* tabla o consulta presentada de forma dinámica y elegante. Los informes permiten automatizar el desarrollo de documentos a partir de bases de datos, organizando éstos en una simple tabla donde aparece toda la información que necesitamos conocer.
- *Integridad referencial:* sistema de reglas de Microsoft Office Access para garantizar que las relaciones entre los registros de las tablas sean válidas y que no se eliminan ni modifican accidentalmente datos relacionados.
- *Inventario:* registro documental de los bienes y demás objetos pertenecientes a una persona u organización hecho con orden y precisión.
- *Licencia:* documento que expresa la voluntad del autor sobre los límites en el uso que pueden hacer las personas respecto a la copia, reproducción, modificación, traducción y adaptación de la obra que crea. Podemos encontrar una amplia variedad de licencias, desde la más restrictivas (*todos los derechos reservados*), hasta las licencias más permisivas don-

de el autor otorga más libertad para el uso de su obra (*algunos derechos reservados*).

- *Registro:* también llamado fila o tupla, representa un objeto único de datos implícitamente estructurados en una tabla. Una tabla de una base de datos puede imaginarse en forma de filas y de columnas o campos. Cada fila representa un conjunto de campos relacionados y todas las filas tienen la misma estructura.
- *SQL:* lenguaje creado para realizar consultas estructuradas a las bases de datos. Este lenguaje se divide en dos partes principales: lenguaje de definición de datos (aquellos comandos que permiten la creación y modificación de los objetos de la base de datos- CREATE, ALTER, DROP, TRUNCATE) y lenguaje de manipulación de datos (para trabajar con los datos- INSERT, UPDATE, DELETE, SELECT).

Un registro es un conjunto de campos que contienen determinados datos. Se le asigna automáticamente un número consecutivo que se puede utilizar como índice aunque lo más práctico es asignar a cada registro un campo clave para su búsqueda.

Resumen

- En este tema hemos sabido cuál es la necesidad y la importancia de llevar un adecuado control de los activos informáticos de la organización a través de programas de inventario de software específicos o bien mediante una base de datos donde estén almacenados y siempre disponibles todos los datos referentes a equipos y programas con los que cuenta la organización.
- Esta tarea es muy importante para las organizaciones porque permite saber en todo momento y circunstancia los recursos y materiales de tipo informático con los que cuenta la organización para desarrollar su trabajo y ofrecer un correcto soporte técnico a usuarios-clientes. El inventariado de software (y también de hardware) debe ser tomado muy en serio por los responsables de la organización en tanto en cuanto es un índice adecuado que valora el funcionamiento y la propia organización y gestión de la empresa.

Bibliografía

DÍAZ CORREDERA, Y. *Procedimiento para la administración de inventario,* Editorial Académica Española, 2012.

FERNÁNDEZ SUAREZ, N. *Gestión de stocks: modelos de optimización y software,* Ediciones Universidad de Valladolid.

GUÉRIN, B. *Gestión de proyectos informáticos,* Eni Ediciones, Barcelona, 2012.

PARRO, I. *Ofimática para el empleo. Las herramientas necesarias para la búsqueda de trabajo,* Starbook Editorial, Madrid, 2012 (Hay un capítulo que enseña cómo se crea una base de datos con Access).

VICIANA PÉREZ, A. *Gestión de stocks y logística básica,* IC Editorial, Málaga, 2009.

VV. AA. *Administración software de un sistema informático,* Editorial Ra-Ma, Madrid, 2013.

7. DISTRIBUCIÓN E INSTALACIÓN DE LICENCIAS DE SOFTWARE

INTRODUCCIÓN

En este nuevo tema vamos a desarrollar tres aspectos relacionados con el software: las licencias, la instalación y la distribución. Cuando ya tenemos diseñado y desarrollado el software debemos seleccionar bajo qué tipo de licencia (copyright o copyleft) queremos comercializarlo, además de definir las características y requisitos para su instalación. Una vez adquirido el software la organización debe registrarlo en su inventario. Por otro lado es necesario que el autor también defina el modo-forma en el que se va a distribuir, si a través de paquetes o a través de instalaciones no automatizadas.

Mencionaremos los tipos de licencia de software más comunes y haremos referencia al tema de los derechos de autor entre otras cuestiones.

OBJETIVOS

- Realizar la identificación de componentes software del sistema para su utilización.
- Comprobar las licencias de utilización del software.
- Instalar y actualizar programas para ofrecer diferentes funcionalidades y recursos a los usuarios.
- Comprobar los requisitos de instalación del software a implantar en el sistema.
- Interpretar la documentación técnica asociada al software.
- Verificar que las licencias de utilización de los componentes software cumplen la legislación vigente.

- Configurar los componentes instalados para poder utilizar los periféricos y otros dispositivos del sistema informático.
- Documentar los procesos de instalación y desinstalación realizados detallando las actividades o procesos realizados.
- Mantener el inventario de software actualizado registrando los cambios.

MAPA CONCEPTUAL

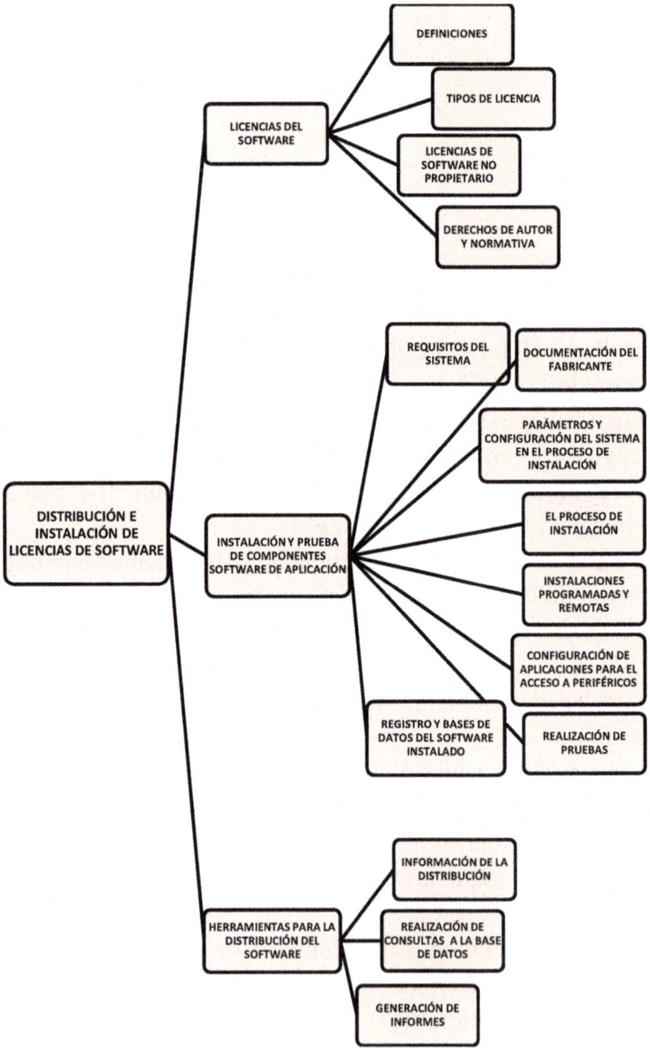

7.1. Licencias del software

En este apartado vamos a ver los puntos más importantes a tener en cuenta cuando hablamos de licencias de software.

7.1.1. Definiciones

Como ya comentamos en apartados anteriores una licencia de software es un contrato entre un licenciante (autor/ titular de los derechos de explotación/ distribución de un trabajo) y el licenciatario del programa informático (usuario consumidor, usuario profesional o empresa), en el cual se acuerda la utilización y disfrute de ese software siempre que se cumplan una serie de términos y de condiciones previas que están incluidas dentro de las cláusulas del contrato de cesión de derechos (recordar que vimos el ejemplo de la licencia del programa Winrar).

Las *licencias de software* establecen los siguientes puntos:

a. Cómo se ceden determinados derechos del propietario al usuario final sobre las copias del programa informático
b. Límites en la responsabilidad por fallos
c. Tiempo de cesión de los derechos de disfrute del software
d. Ámbito geográfico de validez del contrato
e. Compromisos del usuario final hacia el propietario
f. Normativa legal que rige el contrato
g. Bajo qué tipo de licencia se distribuye el software

En este caso, y como ejemplo, vamos a ver cómo se desarrollan esos *puntos* en la licencia del programa Spybot-Search&Destroy:

Licencia de uso público (g)
Descargando este archivo, usted se muestra de acuerdo con esta licencia
I. Freeware (gratuito) (g)
En primer lugar, las razones de por qué Spybot-S&D es gratuito:
I.a. Dedicatoria
Spybot-S&D está dedicado a la chica más maravillosa de la Tierra :)
I.b. Código binario
¿Qué se obtiene al comprar software? Un montón de unos y ceros, nada más. Si fueran distribuidos como arte, podría entender que se pagase por ello. Pero si su principal objetivo es conseguir dinero –mediante cuotas o publicidad– ¡eso ya no me gusta!
I.c. Conclusión (g)
Esto significa que le concedo la licencia de uso de Spybot-S&D tanto como usted quiera.
Pero si le gusta, le invito a un par de cosas: rece una oración por mí (y por la chica más maravillosa mientras esté en ello :)) a su dios – o en aquello que usted crea – y deséenos suerte.
II. Limitaciones
II.a. Desensamblaje
Como con casi cualquier programa, el desensamblaje del mismo no está permitido. Si alguien tiene dudas sobre la autenticidad del código, lo haré analizar por una organización de confianza, como por ejemplo una universidad, con ciertas limitaciones (por ejemplo sólo una copia, por un tiempo limitado, y que debe ser eliminada una vez finalizado el período de evaluación).
II.b. Garantía
He hecho todo lo que he podido para que el código de Spybot-S&D sea lo más estable posible, y le doy mi palabra de que no he puesto intencionadamente ningún código que pueda dañar su sistema.
No obstante, eliminar los objetivos marcados por Spybot-S&D a veces implica ir quitándolos en lo profundo del sistema, y no puedo garantizar que su sistema continúe funcionando como antes. Por ejemplo, los programas con espías residentes pueden dejar de funcionar. Tampoco puedo garantizarle que Spybot-S&D eliminará cualquier programa espía que se encuentre en su sistema, o que no le dé falsos positivos. La localización de los problemas se muestra en

cada entrada para su propia verificación, y si aún tiene cualquier duda por resolver puede visitar el foro de soporte para obtener más información.

II.c. Responsabilidad

Bajo ninguna circunstancia puede hacerme responsable de cualquier daño que pueda ocasionarle a su sistema el uso de Spybot-S&D. (b)

II.d. Uso de la aplicación en su conjunto

El uso gratuito está limitado a la aplicación en su conjunto. No se permite el uso de partes de la misma por separado, por ejemplo la base de datos o los módulos.

II.e. Corporate use

As companies are not individual persons and would have problems fullfilling the above terms, there is a license for corporate users that can be found at safer-networking.ie.

III. Distribución

Éstas son algunas reglas básicas acerca de la distribución de Spybot-S&D.

III.a. Distribución privada

Puede dar copias individuales del software en tanto que no modifique esta licencia u otras partes de éste archivo. (a)

III.b. Colocación en web

Si quiere colocar una réplica de Spybot-S&D en su web, puede hacerlo en tanto que no modifique el archivo original. Si quiere estar al día de las actualizaciones, puede suscribirse a la lista de correo (mailing list).

Las réplicas oficiales necesitan cumplir con la Licencia de Réplica (License Mirror) que he creado a este efecto.

III.c. Publicación

Puede publicar Spybot-S&D en un libro o revista (o cualquier otro medio de difusión) simplemente enviándome un escrito de solicitud de consentimiento, incluyendo una descripción de sus necesidades específicas. Le pediré una copia de la publicación en la cual haya sido publicada Spybot-S&D como compensación. €

IV. Privacidad

IV.a. Privacidad offline de la aplicación

Aunque Spybot-S&D escanea su sistema, no buscará específicamente ninguna información de carácter personal. Todo lo que no sea detectado como una posible amenaza será ignorado. Las posibles amenazas se mostrarán y, si la opción de crear un registro (log) está activada, serán escritas en un archivo de registro local (local log).

IV.b. Privacidad de la aplicación en línea

Spybot-S&D tiene funcionalidad en línea en 5 casos:

1 Actualización: La función de actualización utiliza únicamente peticiones HTTP (como lo haría su navegador) para descargar un archivo de información que contiene descripciones actualizadas (llamado spybotsd.ini, y que no deberá ser borrado, así puede echarle un vistazo si quiere) y descargar los archivos de actualización que seleccione. No será transmitida ninguna otra información de la que su propio navegador también mostraría.

2. Noticias: la función de noticias abre un ventana del IE integrada en Spybot-S&D. Es exactamente lo mismo que si cargara las Noticias desde mi página principal (http://security.kolla.de/) en Internet Explorer.

3. Notificación de errores: La función de notificación de errores envía la descripción del problema que haya introducido en la notificación y automáticamente crea un informe para nuestro personal de soporte. Puede modificar la extensión del informe en la página de configuración, y puede también hacer una vista preliminar del contenido único mientras está escribiendo la notificación del error.

Los archivos listados en el diálogo de adjuntos serán enviados como adjuntados. La cabecera contendrá la información (nombre del remitente y dirección electrónica) que haya introducido en Configuración.

4. Información del producto y enlaces para darse de baja: A menudo éstos pueden enlazar con páginas dudosas. Puede abrirlas bajo su propia responsabilidad, pero primero debería tomar precauciones para contar con alguna medida de seguridad (como cortafuegos, las últimas actualizaciones del IE, software de antivirus actualizado).

5. Otros enlaces: Debido a la naturaleza de Internet no puedo darle ninguna garantía respecto a otros enlaces encontrados en mis páginas web (ni de la mía propia, ni del foro de soporte, o sitio de donaciones). Pero he puesto mi confianza en ellos y no creo que pueda venir ninguna amenaza de ellos. (b)

7.1.2. Tipos de licencia: propiedad, uso y distribución del software

En cuanto a las licencias existen principalmente los siguientes *tipos de licencias:*

Según los derechos que el autor se reserva sobre su obra

- *Licencia de software de código abierto permisiva:* se puede crear una obra derivada de la original sin que ésta tenga la obligación de protección alguna.
- *Licencia de software de código abierto robusta:* estas licencias aplican restricciones a las obras derivadas de la original, las cuales dependiendo de su aplicación se dividen en:
  » *Licencias de software de código abierto robustas fuertes* (copyleft fuerte) que contienen una cláusula que obliga a que todas las obras derivadas o todas las modificaciones realizadas al software original se deben licenciar bajo los mismos términos y condiciones que la licencia original;
  » *Licencias de software de código abierto robustas débiles* (copyleft suave o híbridas), las cuales también contienen una cláusula que obliga a que todas las modificaciones realizadas al software original se licencien bajo los mismos términos y condiciones que la licencia original, pero que las obras derivadas puedan ser licenciadas bajo términos y condiciones distintas a las originales.
- *Licencia de software de código cerrado* (software propietario o privativo): en estas licencias es el mismo propietario quien establece los derechos de uso, distribución, redistribución, copia, modificación o cesión del software y cualquier otra consideración sobre el software que estime necesaria, protegiendo su obra en los límites y términos que el creador quiera.
- *Software de dominio público* (sin licencia): en este tipo de software se permite el uso, la copia, la modificación y la redistribución del software con o sin fines de lucro. Es la licencia más permisiva de todas porque no se ajusta a ninguna licencia y da libertad total al usuario para usar el software como quiera.

Según el tipo de destinatario del software

- *Licencia de usuario final* (EULA, *End User License Agreement*), licencia por la cual el uso y disfrute de un producto está permitido únicamente para un solo usuario (el comprador del producto). En este tipo de contrato el dueño de los derechos de un producto es quien insta al usuario final a que reconozca tener conocimiento de las restricciones de uso, de los derechos de autor, de las características propias del producto, etc. y que el usuario las acepte de total conformidad.

- *Licencia de distribuidores,* en la cual se asignan derechos restringidos a un comerciante de tipo comisionado para que sea este comerciante quien pueda vender el producto o software dando una comisión al fabricante del mismo, comisión que debe ser pactada anticipadamente y aceptada de mutuo acuerdo.

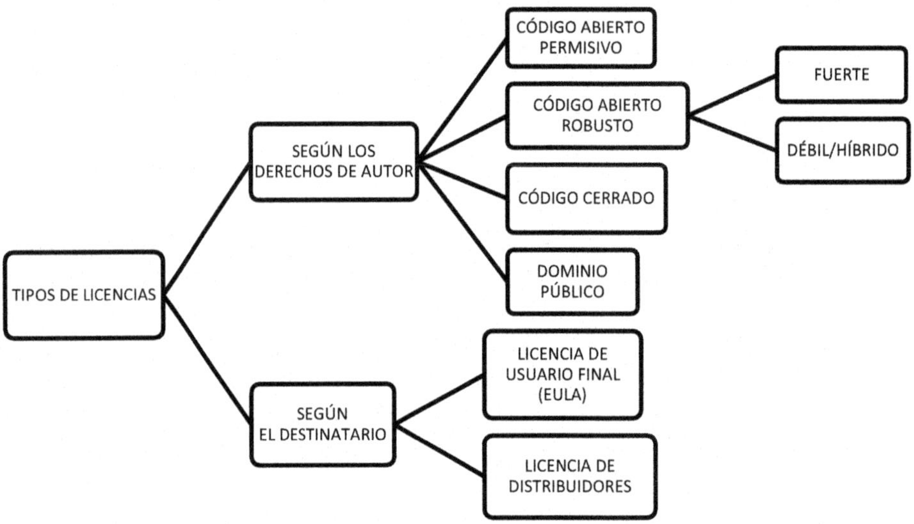

7.1.3. Licencias más importantes de software no propietario: GPL, BSD, MPL, EUPL

Dentro de las *licencias* más importantes de software no propietario encontramos las siguientes:

- *Licencia de software de GPL* (*General Public License*). También llamada *Licencia Pública General Reducida de GNU o GNU LGPL* para abreviar. Es una licencia de software libre sin un copyleft fuerte puesto que este tipo de licencia permite que el software pueda ser enlazado con módulos no libres.

  Se recomienda utilizar esta licencia sólo en casos muy especiales.

  La licencia GPL puede ser usada por cualquier persona, y su finalidad básica es la protección de los derechos de los usuarios finales. Esta es la primera licencia copyleft para uso general. Copyleft significa que

los trabajos derivados del original sólo pueden ser distribuidos bajo los términos de la misma licencia del software original. Según esta filosofía la licencia GPL garantiza a los destinatarios de un programa de ordenador los derechos y libertades reunidas en la definición del software libre, y usa el copyleft para asegurarse de que el software quede protegido cada vez que el trabajo original sea modificado, distribuido o ampliado.

Se diferencia de las licencias de software libre permisivas en la forma de distribución (el GPL sólo puede distribuirse bajo los mismos términos que en la licencia original).

- *Licencia BSD* (*Berkeley Software Distribution*). Es la licencia de software otorgada principalmente para los sistemas BSD. Es una licencia de software libre permisiva como pueden ser la licencia de OpenSSL o la MIT License. Esta licencia tiene menos restricciones en comparación con otras como la GPL y está muy cerca del dominio público.
- *Licencia MPL* (*Mozilla Public Licensed*). La licencia pública de Mozilla es una licencia de código abierto y de software libre. Fue desarrollada originalmente por Netscape Communications Corporation y más tarde fue traspasada a la Fundación Mozilla.

La MPL cumple completamente con la definición de software de código abierto de la OSI (*Open Source Iniciative*) y con las cuatro libertades del software libre enunciadas por la FSF (*Free Software Foundation*). Sin embargo la MPL deja abierto el camino a una posible reutilización no libre del software si el usuario así lo desea, pero sin restringir la reutilización del código ni el relicenciamiento del nuevo software en los términos de la licencia original.

Aunque el uso principal de la MPL es servir como licencia de control para el navegador web Mozilla y el software relacionado con él (tanto el navegador Firefox como el cliente de correo Mozilla Thunderbird), esta licencia es ampliamente usada por programadores y desarrolladores que quieren liberar su código fuente.

En base a la licencia MPL se han elaborado muchas otras licencias posteriores. La última aprobada por la OSI fue la licencia CDDL de SUN, la cual permite aún mayor libertad que la MPL, sobre todo en cuanto a la utilización de cualquier código bajo cualquier tipo de licencia dentro de un mismo proyecto de software libre, manteniendo siempre el proyecto a desarrollar bajo la licencia del software libre.

- *Licencia EUPL* (*European Union Public License*). La licencia pública de la Unión Europea es una licencia de software libre y copyleft creada por la Unión Europea para una previsible liberación de programas pertenecientes a las administraciones públicas europeas.

  La licencia EUPL ha sido elaborada en el marco del programa IDABC, cuyo objetivo es promover la prestación interoperable de servicios de la administración electrónica europea a las administraciones públicas, a las empresas europeas y a los ciudadanos europeos.

  La licencia EUPL original se estableció para aplicarla a todo el software que funcionaba bajo esos objetivos del programa IDABC, ofreciendo con ello un software libre a empresas y ciudadanos de la Unión y promocionando y facilitando el uso de software libre en las administraciones europeas.

  La licencia EUPL ha sido redactada teniendo en cuenta que esta licencia debe ser legalmente válida en todos los idiomas oficiales de la Unión Europea (inglés, francés, alemán y español), y debe considerar las particularidades propias de las leyes sobre derechos de autor y de propiedad intelectual de cada país miembro de la Unión. Se ha creado para que sea compatible con la mayor parte de licencias de software libre y de código abierto y para que pueda ser adaptada a licencias más restrictivas si el software que se desarrolla se combina con otras licencias como por ejemplo la GPL v3 (*GNU General Public License versión 3*).

LICENCIAS DE SOFTWARE NO PROPIETARIO
GPL • No tiene copyleft fuerte • Permite enlazar el software con módulos no libres • Protección derechos usuarios finales
BSD • Licencia permisiva • Cercana al dominio público
MPL • Licencia código abierto y software libre • Cumple definición software código abierto OSI • Cumple cuatro libertades FSF
EUPL • Elaborada en el marco del programa IDABC • Uso del software en instituciones europeas • Compatible con otras licencias y multi-idioma

7.1.4. Derechos de autor y normativa vigente

El derecho de autor es un conjunto de normas jurídicas y principios legales que regulan los derechos morales y patrimoniales que la ley concede a los autores (los llamados derechos de autor), por el simple hecho de la creación de una obra literaria, artística, musical, científica o didáctica, esté la obra publicada o permanezca inédita.

Los derechos de autor se inician aproximadamente a principios del siglo XVIII con el Estatuto de la Reina Ana, puesto que antes todas las creaciones eran de dominio público.

Este derecho de autor está reconocido como derecho fundamental en la Declaración Universal de los Derechos Humanos, en el artículo 27.2: *Toda persona tiene derecho a la protección de los intereses morales y materiales que le correspondan por razón de las producciones científicas, literarias o artísticas de que sea autora.*

En el derecho anglosajón se utiliza la noción de copyright (traducido literalmente como derecho de copia) que es el que por norma general comprende la parte patrimonial de los derechos de autor (lo que el autor recibe por la venta de su obra).

La legislación sobre derecho de autor cambia de un país a otro aunque en sus formulaciones básicas está armonizada por varios tratados internacionales, el primero de los cuales fue el Convenio de Berna para la Protección de las Obras Literarias y Artísticas, que fue firmado en 1886. Hoy es la WIPO (OMPI, Organización Mundial de la Propiedad Intelectual), una de las organizaciones dependientes de Naciones Unidas, quien se encarga de coordinar y homologar las legislaciones nacionales y las prácticas comerciales que afectan al derecho de autor.

Las *leyes de cada país* sobre derechos de autor suelen diferir en los siguientes puntos:

- Plazo de protección de derechos. En la mayoría de países los derechos de autor expiran a los setenta años de la muerte del autor.
- Situación de las publicaciones del Estado. En algunos países los documentos publicados para uso oficial (leyes, decretos, normativas, informes, etc.) son de dominio público y no tienen licencias de explotación.
- Material sujeto a derechos de autor. En algunos países el autor tendrá una serie de derechos u otros y se ceñirá bajo unas u otras normas dependiendo del tipo de obra que presente.

DIFERENCIAS EN LOS DERECHOS DE AUTOR

- Plazo protección de derechos
- Dominio público de las publicaciones del Estado
- Material sujeto a derechos de autor

Para ciertas obras y material protegido se puede obtener una autorización para usarlo acudiendo a una organización de gestión colectiva, que pueda autorizar el uso de la obra y de otro material protegido cuando resulta impracticable el ejercicio individual de los derechos por los titulares. También existen varias organizaciones no gubernamentales que promueven el contacto entre estas organizaciones nacionales de gestión colectiva de derechos de autor.

7.2. Instalación y prueba de componentes software de aplicación

En este apartado vamos a explicar cuáles son y dónde comprobar los requisitos de los componentes software para que puedan ser instalados en el sistema, el proceso de instalación, cómo realizar pruebas de verificación y cómo documentar el software instalado en la base de datos de inventario.

7.2.1. Identificación de los requisitos del sistema

Dentro de la ingeniería del software, la ingeniería de requisitos o también llamada ingeniería de requerimientos comprende todas las tareas relacionadas con los requisitos de los desarrolladores, que pueden entrar en conflicto entre ellos, debido a que unos pueden prestar atención a unas características mínimas determinadas y otros presten atención a otras diferentes.

Muchas veces se suele hablar de requerimientos en vez de requisitos, y esto es porque puede haber una mala traducción del idioma. La palabra requirement debe ser traducida como requisito, mientras que requerimiento se traduce al inglés como request.

El propósito principal de la ingeniería de requisitos es entonces hacer que éstos adquieran un estado lo más óptimo posible antes de alcanzar la fase de diseño en el proyecto. Los buenos *requisitos* deben ser medibles y comprobables, sin ambigüedades ni contradicciones.

CARACTERÍSTICAS DE LOS REQUISITOS	
• Medibles	• Comprobables
• Sin ambigüedades	• Sin contradicciones

Desde el punto de vista conceptual, las acciones de la ingeniería de requisitos son de cinco *clases básicas:*

- *Obtener requisitos:* se realiza un estudio de las expectativas de los clientes internos y externos mediante entrevistas o la comunicación directa con ellos.
- *Analizar requisitos:* se deben detectar y corregir las carencias comunicativas, transformando los requisitos previamente obtenidos en las condiciones apropiadas para que puedan así ser tratados en el diseño del software.
- *Documentar requisitos:* los requisitos deben estar debidamente documentados en alguno de los soportes que ya se han mencionado (base de datos, hoja de cálculo, tabla de texto, etc.)
- *Verificar requisitos:* en este punto se comprueba el correcto funcionamiento de un requisito dentro de la aplicación.

- *Validar requisitos:* se debe comprobar que los requisitos implementados se corresponden con lo que inicialmente se pretendía.

En esta fase entonces se recogen como sugerencias los requisitos que van a formar parte de las condiciones finales que debe tener un software para su instalación dentro de un sistema. Estas sugerencias deben ser analizadas, probadas y comprobadas para que puedan formar parte del diseño del software que está desarrollándose.

7.2.2. Documentación del fabricante

En este punto señalamos que es el mismo fabricante del software el que nos debe facilitar toda la información y la documentación referente a cada uno de los aspectos necesarios para poder implantarlo en el sistema.

Actualmente la mayoría de los fabricantes de software tienen esa documentación on-line, facilitando así el acceso a la misma desde cualquier lugar y en cualquier momento que lo necesitemos.

7.2.3. Parámetros y configuración del sistema en el proceso de instalación

La instalación del software es el proceso por el cual los nuevos programas son transferidos a un ordenador con el fin de ser configurados y preparados para ser ejecutados en el sistema informático y cumplir de este modo con la función para la cual fueron creados.

Estos programas recorren diferentes *fases de desarrollo* durante su vida útil:

- *Desarrollo:* cada programador necesita el software instalado pero con todas sus herramientas, bancos de datos y códigos fuente para que se puedan realizar modificaciones en el programa en el caso de que sean necesarias.
- *Prueba:* antes de entregar al usuario el software éste debe ser sometido a una serie de pruebas para verificar su correcto funcionamiento y si cumple con su objetivo inicial. En el caso de software complejo, las pruebas se realizan en una instalación ad hoc.
- *Producción:* fase en la que se desarrolla y finaliza la creación del software para que pueda ser utilizado por el usuario.

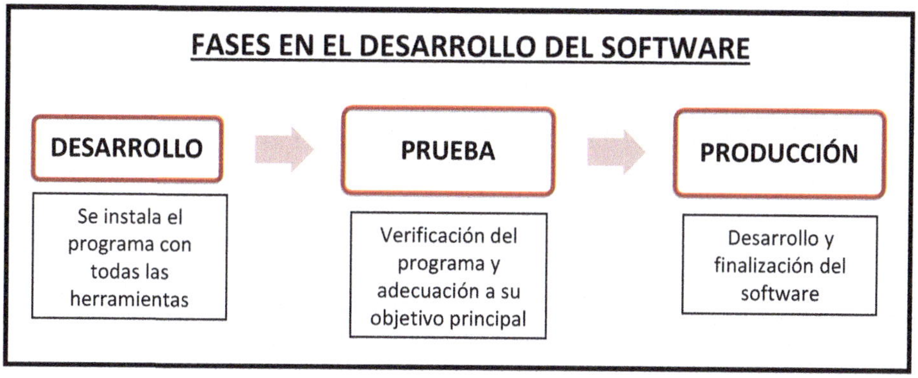

En cuanto a la configuración del software debemos decir que es a través de archivos de configuración el medio por el cual se da a conocer al software los parámetros con los que debe trabajar, es decir, que es mediante esos archivos la forma en la que se especifica quiénes son los que pueden usar el software y bajo qué condiciones, cómo poder verificar la clave de acceso y utilización del software, la ruta que contiene el archivo con los datos de configuración del software o la dirección del proveedor de correo electrónico entre otros parámetros incluidos. Para sistemas más complejos se debe desarrollar el Software Configuration Management, o Gestión de Configuración de Software, que es una disciplina cuyo objetivo es identificar el software en ciertos momentos y controlar los cambios en la configuración con el propósito de mantener la integridad, la calidad y la estandarización del software.

Entre sus utilidades están la previsión de estructuras para identificar y controlar la documentación, los códigos, las interfaces y las bases de datos para que puedan soportar todas las fases del ciclo de vida del programa; apoya una metodología de desarrollo que se adapte a las filosofías de requerimientos, estándares, políticas, organización y administración; y produce información sobre el producto y la administración de las líneas base, el control de pruebas, las versiones o las auditorías entre otros.

7.2.4. El proceso de instalación

Un *modelo* que se puede seguir para instalar y configurar correctamente el software en el sistema es el siguiente:

- *Verificar la compatibilidad:* debemos comprobar si se cumplen todos los requisitos para la instalación en cuestión de hardware y de software. A veces se requiere desinstalar versiones antiguas del software para utilizar las nuevas o bien instalar algún tipo de complemento.
- *Verificar la integridad:* se verifica que el paquete de software es el original, evitando así la instalación de programas maliciosos.
- *Creación de directorios:* para poder mantener el orden en el directorio cada sistema operativo puede tener un estándar para la instalación de determinados archivos en unos directorios concretos.
- *Creación de usuarios:* se pueden asignar usuarios diferentes para diferentes paquetes de software de modo que se compartan tareas y responsabilidades.
- *Concesión de derechos:* para ordenar el sistema y limitar los daños que se puedan producir se deben conceder unos mínimos derechos de uso del software a los usuarios.
- *Copia y descompresión de archivos:* para ahorrar tiempo de transmisión de datos, ancho de banda y espacio en el disco duro los paquetes vienen comprimidos con toda la información sobre archivos principales, archivos de datos, documentación, archivos de configuración, bibliotecas y enlaces a otros archivos.

- *Compilación y enlace con las bibliotecas:* en algunos casos no puede evitarse la compilación y el enlace que pueden tener severos requerimientos de software.

  El enlace con las bibliotecas puede ser un problema si en su instalación no se siguieron los estándares preestablecidos.
- *Configuración:* a través de los archivos de configuración se ofrece la información acerca de los parámetros que necesita el software para poder funcionar correctamente en el sistema.
- *Definir las variables de entorno:* estas variables son las que determinan algunos comportamientos del software y también forman parte de la configuración.
- *Registro ante el dueño de la marca:* en el software comercial a veces es el desarrollador del software quien exige el registro de la instalación si se requiere de sus servicios.

7.2.5. Instalaciones programadas e instalaciones remotas

Las instalaciones programadas son todas aquellas que están ya previstas y registradas en el momento exacto en el que se van a realizar. El encargado/usuario/técnico ha previsto de antemano que determinadas aplicaciones o complementos sean instalados en el sistema en un momento determinado. No hay instalación manual en este caso sino que se programan para que se instalen de forma automática en el sistema.

Una instalación remota es aquella que se realiza sin que el instalador esté físicamente presente en el ordenador en el que se van a instalar, es decir, la instalación se realiza desde un lugar diferente al que está situado el equipo.

INSTALACIONES PROGRAMADAS --------- Instalaciones previstas y registradas de antemano

INSTALACIONES REMOTAS ------------------ Instalaciones sin la presencia física del instalador

La gestión remota de equipos será ampliada en próximos temas.

7.2.6. Configuración de aplicaciones para el acceso a periféricos

Cuando el software requiere de algún periférico la configuración de estos elementos para que sean utilizados por el software debe estar recogida en la documentación del fabricante, en la cual se deben especificar las formas y los medios de instalación de dichos periféricos.

Estos periféricos pueden ser por ejemplo un lector de códigos de barras que debe estar correctamente configurado para el funcionamiento con el software. Asimismo otros periféricos que pueden ser configurados para utilizarse con aplicaciones son joysticks o mandos de videojuegos, sensores táctiles para los movimientos, webcams o lectores de tarjetas digitales entre otros.

Cada uno de estos dispositivos viene con sus archivos de instalación para que sean reconocidos e instalados dentro del sistema de modo que puedan utilizarse sin problemas en las aplicaciones para las que sean necesarios.

Dentro de la documentación técnica de cada periférico deben venir las compatibilidades y las incompatibilidades del componente para que tengamos en consideración esa información a la hora de funcionar con ellos una vez reconocidos e instalados en los equipos.

7.2.7. Realización de pruebas

Necesitamos seguir un protocolo de pruebas de software de modo que tengamos la garantía de que el software cumple con todas las especificaciones y las funcionalidades para las que ha sido implantado.

Las pruebas son básicamente un conjunto de actividades incluidas en el proceso de instalación del software. Dependiendo del tipo de pruebas, estas actividades pueden ser implementadas en cualquier momento de la instalación para verificar que el software cumple con los requisitos necesarios.

Una prueba funcional es una prueba basada en la ejecución, la revisión y la retroalimentación de las funcionalidades previamente aceptadas para el software. Las pruebas funcionales se hacen mediante el diseño de modelos de pruebas que buscan evaluar cada una de las opciones con las que cuenta el paquete informático. Dicho de otro modo son pruebas específicas, concretas y exhaustivas para probar y validar que el software está haciendo lo que debería hacer y también comprobar que realmente se está cumpliendo todo lo que se ha especificado con anterioridad.

7.2.8. Registro y bases de datos del software instalado

Cada uno de los sistemas puede disponer de su propia base de datos que es instalada durante el proceso de adecuación del software para que sea entregado al usuario. Esta base estará compuesta como ya hemos visto por tablas que contienen los diferentes registros con los datos de las aplicaciones que se instalan en el sistema.

Este registro documental del software instalado tiene como finalidad saber con qué software cuentan los equipos de la organización y controlar un uso inadecuado de los mismos. También permite realizar un seguimiento cuando se instale una aplicación no autorizada o cuando se produzca un problema con alguna de las aplicaciones instaladas y que tenga que ser resuelta por los especialistas.

7.3. Herramientas para la distribución del software

7.3.1. Obtención de información de la distribución del software

Para conocer cuál es la licencia de distribución podemos consultar en la propia página web del fabricante, en la cual podemos encontrar toda la información necesaria para saber la forma de distribución de ese software.

7.3.2. Realización de consultas a la base de datos

Son cuatro *acciones* las que podemos realizar con los datos dentro de una base de datos:

- *SELECT:* consulta de registros de la base de datos que cumplen un criterio determinado.
- *INSERT:* para cargar lotes de datos de la base de datos de una vez.
- *UPDATE:* utilizado para modificar los valores de los campos y de requisitos específicos.
- *DELETE:* con el cual se eliminan registros de una tabla.

7.3.3. Generación de informes

Según el sistema que estemos utilizando podremos servirnos de una u otra herramienta de generación de informes personalizados de modo que podamos exhibir un informe para cada tipo de necesidad con la que nos encontremos.

Ejercicios prácticos

Este ejercicio tiene como principal objetivo realizar la identificación de componentes software del sistema para su utilización y comprobar las licencias de componentes software de aplicación.

Realizar una investigación en Internet sobre los tipos de licencia de distribución del software que existen actualmente y explicar brevemente cada una de ellas.

Este ejercicio tiene como objetivo conocer las licencias de los programas y verificar que dichas licencias de utilización de los componentes software cumplan la legislación vigente.

Seleccionar tres programas y mencionar la licencia de distribución, los requisitos de instalación del sistema y los puntos más importantes que se destacan de la licencia de distribución.

Enlaces de interés

- *Fundación Software Libre:* https://www.fsf.org/
- *Organización Mundial de la Propiedad Intelectual-WIPO:* http://www.wipo.int/portal/es/
- *Revista Software Gurú:* http://sg.com.mx/revista

- *¿Qué es el software libre?:* https://tinyurl.com/m8rgoyc
- *Curso de software libre:* https://tinyurl.com/reaejfj
- *Ley de propiedad intelectual:* https://tinyurl.com/zmsrn7u
- *Software libre para una sociedad libre, Richard Stallman:* https://tinyurl.com/vrnapzg
- *Prohibido pensar, propiedad privada:* https://tinyurl.com/2z6kqa
- *Software libre: técnicamente viable, económicamente sostenible y socialmente justo:* https://tinyurl.com/qrs2lc2
- *Copia este libro:* https://tinyurl.com/bsxmh6
- *Producir software de código abierto. Cómo llevar a buen puerto un proyecto de código libre:* http://www.producingoss.com/es/
- *La catedral y el bazar,* Eric S. Raymond: https://tinyurl.com/63g6ml

Glosario

- *BSD:* distribuciones de código fuente que se hicieron en la Universidad de Berkeley en California y que en el origen eran extensiones del sistema operativo UNIX® de AT&T Research.
- *Código abierto:* expresión que se refiere al software distribuido y desarrollado libremente. La idea del código abierto se centra en la premisa de que al compartir el código el programa resultante tiende a ser de calidad superior al software propietario.
- *Compilación:* proceso y resultado de compilar el código fuente. A grandes rasgos sigue los siguientes pasos: el compilador recibe el código fuente, que se analiza lexicográficamente, semántica y sintácticamente; se genera el código intermedio; se optimiza este código intermedio; se genera el código objeto para una plataforma específica y se ejecuta el código máquina.
- *Convenio de Berna:* El Convenio de Berna para la Protección de las Obras Literarias y Artísticas es un tratado internacional sobre la protección de los derechos de autor. El primer texto fue firmado el 9 de septiembre de 1886 y revisado en varias ocasiones, la última en 1979.
- *Copyleft:* protección jurídica que confiere determinadas licencias que garantizan el derecho de cualquier usuario a utilizar, modificar y redistribuir un programa o sus derivados siempre que se mantengan las mismas condiciones de utilización y de difusión.
- *Copyright:* término que designa los derechos de explotación de una obra sin hacer referencia a derechos morales.

- *Derechos de autor:* Es uno de los principales derechos de propiedad intelectual, cuyo objetivo es dar solución a conflictos de intereses que nacen entre los autores de las creaciones intelectuales, los editores y demás intermediarios que las distribuyen hacia el gran público que las consume.

  El código abierto tiene, entre otros, los siguientes requisitos: el software puede ser regulado o vendido libremente; los usuarios comerciales no pueden ser excluidos y la licencia debe ser tecnológicamente neutral.

  El convenio se basa en tres principios básicos: las obras literarias y artísticas de los autores de los países de la Unión, o publicadas por primera vez en uno de los países, podrán recibir en cada uno de los demás estados la misma protección que otorgan a las obras de sus propios ciudadanos; dicha protección no debe estar condicionada por ningún tipo de formalidad y la protección es independiente de la existencia de otro tipo de protección en el país de origen de la obra. El Convenio también abarca los llamados derechos morales, el derecho de reclamar la autoría de la obra y el derecho de oponerse a cualquier mutilación, deformación o modificación de la obra.
- *EUPL:* licencia de software libre y copyleft creada por el grupo IDABC de la Comisión Europea para la liberación de programas pertenecientes a las administraciones públicas europeas, adaptando la filosofía del software libre a la legalidad europea.
- *FSF:* La Free Software Foundation (*Fundación para el Software Libre*) es una organización creada en 1985 por Richard Stallman y otros activistas del software libre con la finalidad de difundir el movimiento. La FSF se dedica a eliminar las restricciones sobre la copia, la redistribución, el entendimiento y la modificación de programas informáticos. Ayuda también a desarrollar el sistema operativo GNU.
- *GPL:* licencia orientada a proteger la libre distribución, modificación y uso del software. Su propósito es declarar que el software acogido a esta licencia es libre y protegerlo así de los intentos de apropiación que restringen esas libertades a los usuarios.
- *IDABC:* programa de administración electrónica establecido para el período 2005-2009. Cubre los principales objetivos del programa IDA pero también pretende crear servicios paneuropeos de administración electrónica para empresas y ciudadanos. Fue sustituido por el programa ISA y hasta diciembre de 2020 está vigente el programa ISA^2.

- *Ingeniería de requisitos:* proceso relacionado con el desarrollo de una especificación de software, que son aquellos que informan de las necesidades del sistema del cliente a los desarrolladores del sistema. Se identifican dos aspectos básicos: el propósito del sistema en desarrollo y el contexto en que será usado.
- *MPL:* licencia con características similares a las licencias BSD pero menos permisiva. Se diferencia por permitir que el software sea reutilizado pero no libremente, desapareciendo la restricción de reutilizar el código fuente y la de volver a licenciar bajo una misma licencia.
- *OSI:* La Open Source Initiative (Iniciativa para el Código Abierto) es una organización dedicada a la promoción del código abierto. Fue fundada en el año 1998 por Bruce Perens y Eric Raymond. http://opensource.org
- *Periférico:* dispositivo electrónico físico que permite al ordenador interactuar con el mundo exterior. También se considera periférico a los sistemas que almacenan y archivan información. Los periféricos permiten realizar operaciones de entrada/salida, de almacenamiento y de comunicación. Los periféricos se consideran parte del hardware del ordenador pero no todo el hardware que utiliza el ordenador se considera periférico.
- *Usuario final:* persona o personas que van a manipular de manera directa un producto de software. El concepto clave para considerar un usuario final es la interacción directa con el programa y no con la propiedad. En el software de gran distribución el cliente o comprador es el mismo que el usuario final.
- *WIPO:* la Organización Mundial de la Propiedad Intelectual es un organismo especializado de las Naciones Unidas dedicado al fomento y la utilización de la propiedad intelectual, proponiendo un sistema internacional equilibrado y eficaz que recompense la creatividad, estimule la innovación y contribuya al desarrollo económico, social y cultural de todos los países salvaguardando el interés público.

Resumen

- En este tema hemos desarrollado las licencias de software y los derechos de autor. También hemos explicado los requisitos de instalación del software y la distribución del mismo. Todo ello referido a los pasos a seguir para la instalación de componentes software, entre los cuales están como primer paso la licencia de distribución de este.
- Los requisitos de instalación del software en el sistema para que no ocasione conflictos con el mismo y cómo se debe distribuir en el sistema, ya sea mediante un instalador o siguiendo otro tipo de instalaciones con la finalidad de que el usuario pueda utilizar el software que ha adquirido en su sistema sin problemas han ocupado también buena parte de las explicaciones desarrolladas en el tema.

Bibliografía

GALLEGO PEREIRA, Mª D. *Fundamentos de software de código abierto,* Grupo Editorial Universitario, Granada, 2008.

CABRERA, J. L.; GONZÁLEZ, R. *Instalación y configuración de aplicaciones informáticas,* Starbook Editorial, Madrid, 2011.

MATELLÁN OLIVERA, V. *Sobre software libre,* Editorial Dykinson, Madrid, 2004.

GALLEGO CANO, J.C. *Instalación de software,* EDITEX, Madrid, 2011.

VV.AA. *Administración software de un sistema informático,* Editorial Ra-Ma, Madrid, 2013.

LESSIG, L. *El código y otras leyes del ciberespacio,* Editorial Taurus, Madrid, 2001.

8. MANTENIMIENTO DEL SOFTWARE

INTRODUCCIÓN

A lo largo de este tema nos centraremos en explicar algunos de los procesos y procedimientos para el mantenimiento del software. Si bien en apartados anteriores hemos explicado qué se debe tener en cuenta en el proceso de creación o distribución del software en esta ocasión damos un paso más explicando aspectos como los tipos de mantenimiento o los procesos de actualización, tareas todas ellas encaminadas para que el software pueda cumplir sin problemas con la tarea para la que fue diseñado y desarrollado. Recordamos en este punto que cualquier cambio, modificación o variación en el software debe quedar registrada en la base de datos, donde se recopila y almacena toda la información relativa al software y a su mantenimiento.

OBJETIVOS

- Enumerar los principales procedimientos para mantener el software actualizado según las especificaciones técnicas del tipo de software y del fabricante.
- Describir los procedimientos para aplicar una actualización detallando los problemas de seguridad en la instalación y actualización de software.
- Realizar la actualización del software de aplicación en un sistema para reajustarlo a las nuevas necesidades
- Identificar la versión del componente software a actualizar y los condicionantes de compatibilidad a tener en cuenta para la actualización.

- Saber localizar e instalar las actualizaciones puestas a disposición por el fabricante que aún no se hayan implantado.
- Identificar los parches y otros módulos de código disponibles para aumentar la funcionalidad del componente o para corregir un comportamiento no adecuado.
- Verificar y comprobar que las licencias de utilización de los componentes software cumplen la legislación vigente.
- Desinstalar los componentes implicados antes de aplicar alguna actualización según las indicaciones o instrucciones de la documentación técnica.
- Verificar que el componente software tiene la funcionalidad deseada realizando pruebas de funcionamiento.
- Documentar todo el proceso de actualización detallando las incidencias producidas.
- Mantener el inventario de software actualizado registrando los cambios y/o modificaciones realizadas.

MAPA CONCEPTUAL

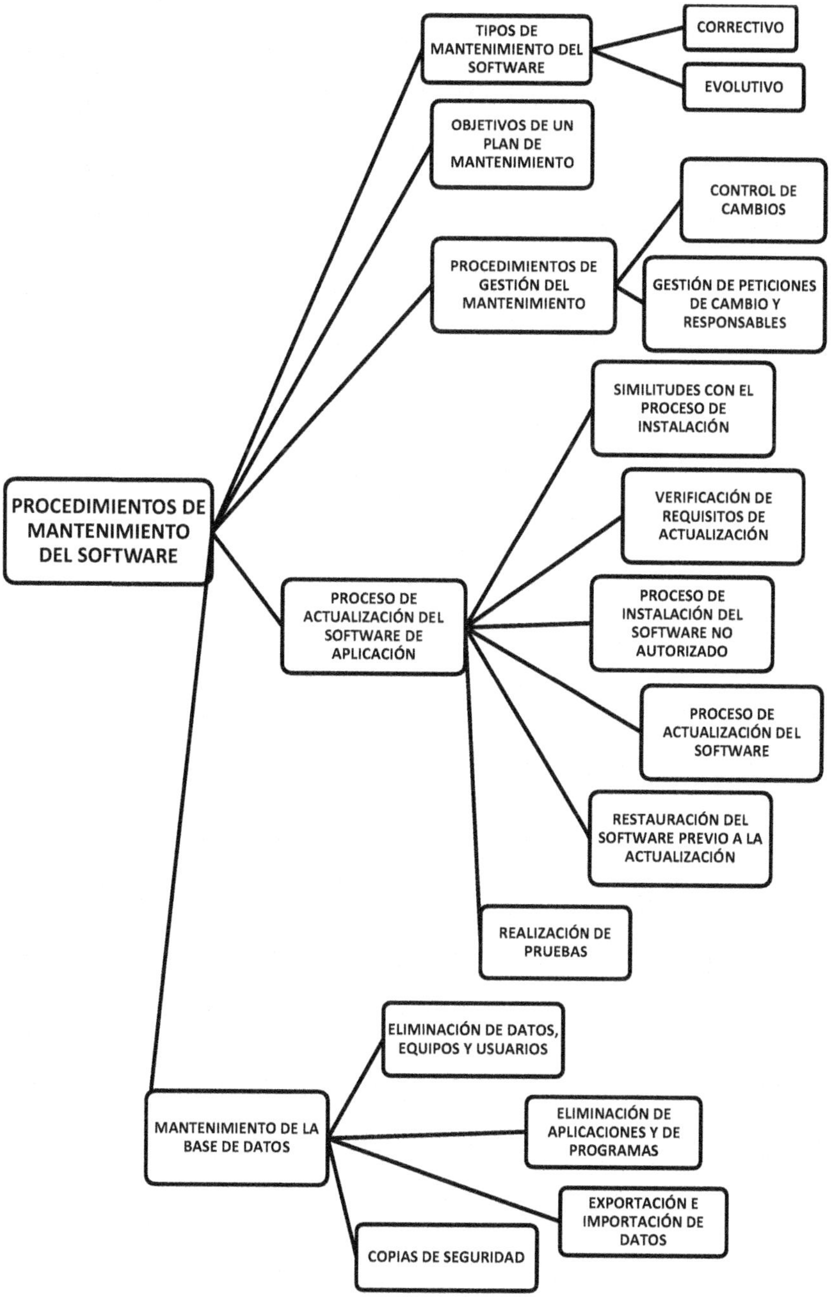

8.1. Tipos de mantenimiento

Se define el mantenimiento de sistemas informáticos como todas aquellas operaciones necesarias para que los equipos se mantengan en perfecto estado y sigan cumpliendo sin errores las funciones para las que fueron ensamblados. Dentro del mantenimiento consideramos tanto el mantenimiento físico (reparación de averías, actualización de equipos, instalación de componentes), como el mantenimiento lógico (instalación/actualización de drivers, clonaciones, backups, modificación de parámetros o instalación de periféricos por ejemplo).

Existen varios *tipos de mantenimiento*. A continuación explicamos cada uno de ellos:

8.1.1. Mantenimiento correctivo

El mantenimiento correctivo es aquel que corrige los defectos observados en los equipamientos y en las instalaciones. Es la forma más básica de mantenimiento y consiste en localizar averías o defectos y corregirlos o repararlos. Históricamente ha sido el primer y único concepto de mantenimiento hasta la Primera Guerra Mundial, debido principalmente a la simplicidad de las máquinas, de los equipamientos y de las instalaciones de la época. El mantenimiento en aquel entonces estaba asociado a la idea de reparar lo que estaba averiado.

Este mantenimiento que se realiza tras la aparición de un fallo o de una avería en el sistema no es planificable en el tiempo (se puede presentar en cualquier momento), pudiendo acarrear ciertos costes por reparación y por repuestos que no estaban presupuestados, ya que por ejemplo podría incluir el cambio de algunas piezas del equipo.

8.1.2. Mantenimiento preventivo o planificado

El mantenimiento preventivo consiste en revisar periódicamente ciertos aspectos tanto de hardware como de software del sistema informático. En general suponen una serie de ventajas sobre el mantenimiento tradicional o correctivo, donde la actuación se realiza cuando ya se ha producido el fallo. Entre estas ventajas se destacan: disminución de incidencias en el sistema, aumento de la vida útil de los equipos, disminución en costes de tiempo y de dinero a la hora de hacer reparaciones en el sistema y detección de puntos débiles.

Este mantenimiento permite detectar fallos antes de que ocurran, de modo que se pueden disminuir los tiempos muertos por paradas entre otras opciones. El mantenimiento preventivo se ocupa en general de determinar las condiciones operativas, de durabilidad y confiabilidad de un equipo, permitiendo así reducir los tiempos que se generen por mantenimiento correctivo.

Generalmente este tipo de mantenimiento está totalmente planificado con las tareas a realizar bastante detalladas con una estimación sobre el momento de inicio y finalización del plan.

8.1.3. Mantenimiento evolutivo

Un mantenimiento evolutivo es aquel que tiene como principal objetivo modificar algo que ya funcionaba con el fin de aumentar, disminuir o cambiar las funcionalidades del sistema, ya sea por necesidades del usuario o por otras causas como por ejemplo cambios normativos.

El mantenimiento evolutivo incluye, entre otros procedimientos: actualización de los niveles de software, formación, incorporación de nuevos procesos o cambios en los procesos existentes.

8.1.4. Mantenimiento de emergencia

Este mantenimiento se realiza cuando el preventivo no se puede ejecutar. Procura la operatividad del sistema operativo a través de una serie de funciones o procedimientos orientados a tal fin. En algunos casos las posibles correcciones quedan a la espera de un arreglo más en profundidad, como por ejemplo cuando se estropea el ordenador de un visitador comercial de una organización y lo necesita con urgencia para realizar su trabajo. En este caso se puede arreglar temporalmente el equipo e instalar los programas básicos para

que funcione y en otro momento, con más calma y tiempo, se pueden instalar el resto de programas y configuraciones adecuadas.

8.1.5. Mantenimiento adaptativo

Tiene como objetivo la modificación del sistema para ampliar sus funciones o bien para adaptarse a las nuevas necesidades del proceso productivo. Muchos de estos cambios suelen tener su origen en los cambios tecnológicos y la adaptación de éstos a los nuevos sistemas y equipamientos.

8.1.6. Mantenimiento perfectivo

Consiste en la realización de mejoras ampliando algunas limitaciones que tenían los equipos o adaptándolos de manera más acorde a las necesidades del sistema. Generalmente se busca la mejora en el rendimiento del equipo o cambios en el sistema para que las acciones de mantenimiento futuras tengan un coste menor. Acciones como instalar un nuevo driver para una impresora o instalar actualizaciones de algún programa para trabajar con imágenes pueden ser ejemplos de mantenimiento perfectivo.

Tanto el mantenimiento adaptativo como el perfectivo son muy parecidos. El primero adapta el sistema a nuevas necesidades, y el segundo mejora algunas características del sistema existente. De la misma forma el mantenimiento correctivo y el de emergencia son similares. El mantenimiento de emergencia también puede ser correctivo, lo que los diferencia es la urgencia del mismo. En el mantenimiento de urgencia el sistema informático debe dejarse en funcionamiento lo más rápido posible porque se necesita con rapidez para desarrollar una labor o actividad determinada.

TIPOS DE MANTENIMIENTO PRINCIPALES	
CORRECTIVO ----------	Corrige defectos en equipamientos e instalaciones
EVOLUTIVO ------------	Modifica algo para aumentar o cambiar funcionalidades
PREVENTIVO -----------	Se anticipa a problemas con optimización de sistemas
DE EMERGENCIA ------	Procura la rápida operatividad del sistema
ADAPTATIVO ----------	Modificaciones para adaptarse a nuevas necesidades
PERFECTIVO -----------	Amplia limitaciones en los equipos

Cualquier organización puede establecer hasta tres niveles de mantenimiento. Debido a que el mantenimiento son todas las acciones necesarias para que los sistemas funcionen y estén operativos, las personas responsables de ese mantenimiento serán numerosas, y cada una con una tarea específica. A continuación detallamos los principales *niveles de mantenimiento:*

- *Nivel 1.* En este nivel es el propio usuario quien se encarga del mantenimiento del sistema dependiendo de su nivel de conocimientos. Por ejemplo realizar una copia de seguridad de algunos datos puede hacerla sin dificultad un usuario con unos mínimos niveles de conocimiento. Sin embargo reemplazar un disco o reemplazar el procesador quizá sea más difícil que un usuario normal las realice y debe ser encargada al segundo nivel de mantenimiento.
- *Nivel 2.* El mantenimiento se realiza por personal informático cualificado o por personal del servicio de mantenimiento de la organización. Algunas de las operaciones que se realizan en este nivel son: operaciones para diagnosticar problemas en el sistema, desfragmentación, replicación de particiones y de discos duros, tratamiento de residuos informáticos o instalación y mantenimiento de periféricos.
- *Nivel 3.* En este nivel se realizan operaciones que no puede realizar el personal de mantenimiento porque el producto está en garantía. Las operaciones que se realizan en el equipo son muy específicas. Una operación de este tipo sería por ejemplo la reparación de un router o de una impre-

sora. A veces puede ocurrir que el personal de mantenimiento no tenga ni los medios ni los conocimientos para diagnosticar un problema y no pueda ofrecer una solución adecuada.

8.2. Objetivos de un plan de mantenimiento

La RAE define el mantenimiento como el *efecto de mantener o mantenerse*, así como otra acepción en la que señala que el mantenimiento es *el conjunto de operaciones y cuidados necesarios para que instalaciones, edificios, industrias, etc. puedan seguir funcionando adecuadamente.*

Los planes de mantenimiento son documentos que especifican cómo se va a realizar el mantenimiento y qué tipo de mantenimiento va a llevarse a cabo. En estos planes se detalla el personal que realiza las acciones de mantenimiento, ya que cada persona tiene un papel diferente en el proceso de mantenimiento y consecuencia de ello también ciertas responsabilidades. Estos trabajos y tareas están especificados en estos documentos donde se explica la forma en la que se realizarán los trabajos.

Una cuestión importante a señalar es dónde, cómo y quién va a realizar el mantenimiento. En este sentido se pueden recurrir a terceros a través del outsourcing (una empresa que se contrata para efectuar unos servicios) y otras veces el mantenimiento lo realiza el personal de la organización.

El plan de mantenimiento constituye así una sistematización de todas las actividades y las estrategias destinadas a prevenir los daños. Su objetivo básico es garantizar la disponibilidad de la instalación para atender el programa de producción con calidad y además asegurar unos costes adecuados de mantenimiento.

Para la elaboración de un plan de mantenimiento efectivo deben tenerse en cuenta aspectos como el plan estratégico o la descripción de las actividades que se incluyen en el mantenimiento. Por último es importante que en el documento del plan de mantenimiento se especifique de forma temporal el momento y la duración de cada una de las actuaciones de dicho plan.

OBJETIVOS DEL PLAN DE MANTENIMIENTO
• Garantizar la disponibilidad de la instalación
• Asegurar costes adecuados de mantenimiento
• Especificar tiempos y tareas de mantenimiento
• Se debe tener en cuenta el plan estratégico

8.3. Procedimientos de gestión del mantenimiento

8.3.1. Control de cambios

El control de cambios cobra especial importancia en el mantenimiento puesto que se pueden monitorizar todos los cambios que se han producido en los diferentes sistemas con el fin de establecer un criterio fiable a la hora de realizar tareas de mantenimiento.

8.3.2. Gestión de peticiones de cambio y responsables de las mismas

Para proceder con el plan de mantenimiento es importante la gestión y el control de las peticiones de cambio que se realizan en el sistema. Estas peticiones serán registradas con información de control y con el responsable que ha permitido la solicitud de cambio. Este responsable será el encargado de analizarla y solucionarla para que el plan de mantenimiento sea correcto y efectivo.

CONTROL DE CAMBIOS --------- Monitorización del sistema

PETICIONES DE CAMBIO -------- Modificaciones en el sistema

8.4. Actualización del software de aplicación

Se deben realizar actualizaciones en el software entre otros motivos por la seguridad y estabilidad del sistema, de modo que una actualización oportuna de los programas de software permita el funcionamiento normalizado y sin fallos del sistema en el que está implantado.

8.4.1. Similitudes con el proceso de instalación

Tal y como ya explicamos antes la instalación de programas informáticos de aplicación (software) es el proceso por el que los nuevos programas son transferidos a un ordenador para que sean configurados, preparados y ejecutados en el sistema informático, de modo que cumplan la función original para la que fueron diseñados y desarrollados.

El proceso de actualización del software es parecido al de instalación, a diferencia de que en este último se mantiene tanto la configuración del sistema como los datos que hayan sido registrados en el mismo. Es decir, la actualización conserva lo que ya estaba instalado pero añadiendo un complemento nuevo o diferente, realiza cambios en la configuración o en el diseño del software o le añade una nueva funcionalidad, cambiando algunas de sus especificaciones, etc. Normalmente las actualizaciones del software se producen porque siempre hay algo que se ha mejorado y modificado del programa original, cambio que puede aportar ciertos beneficios al usuario como puede ser la seguridad entre otros.

8.4.2. Verificación de requisitos de actualización

Antes de iniciar la actualización debemos conocer los requisitos de ésta y bajo qué condiciones se va a instalar. A no ser que dicha actualización sea muy importante y afecte a otros aspectos del software, los requisitos de actualización suelen ser los mismos que los de instalación puesto que lo que suelen mejorar es el diseño del programa o algunas de sus funcionalidades, que pueden ejecutarse en los mismos sistemas con las mismas condiciones.

8.4.3. Proceso de desinstalación del software no utilizado

La desinstalación del software es el proceso de revertir los cambios producidos en un sistema debido a la instalación de un software determinado. Por ello no deben ser borrados ni eliminados del sistema todos los archivos, sino también otros aspectos relacionados con el software como por ejemplo eliminar todos los usuarios que hayan sido creados, retirar o revocar todos los derechos concedidos a los usuarios, borrar directorios creados específicamente para el programa, etc.

Podemos desinstalar el software porque ya no lo usamos, porque lo hemos probado y no nos gusta, porque no responde a nuestras necesidades, porque no es compatible con el sistema o simplemente para ganar espacio en el disco.

Debido a la creciente complejidad en los sistemas operativos y en sus interfaces, la desinstalación del software a veces no sólo puede ser contraproducente sino que también puede poner en peligro la estabilidad del sistema. Por esta razón la calidad del software no sólo depende de sus efectos productivos sino también de su capacidad de integración en el sistema operativo y de su compatibilidad con otros programas. El propio desarrollador del software es quien debe ofrecer una función adecuada para desinstalar el software sin dañar o desestabilizar el sistema.

DESINSTALACIÓN DE SOFTWARE

- Revertir cambios en la instalación de un software
- Se eliminan todos los archivos
- Se eliminan los directorios donde se ha almacenado el programa
- Se desinstala por no usarlo, porque no nos gusta o por incompatibilidades con el sistema
- La desinstalación también puede ser contraproducente

Cada vez se hace más complicada la desinstalación de ciertos programas, debido sobre todo a que muchas bibliotecas se comparten entre aplicaciones de diferentes productores de software que utilizan enlaces duros o simbólicos a través del directorio del programa creado dentro del sistema.

8.4.4. Proceso de actualización del software

Las *actualizaciones del software* pueden justificarse por varios motivos:

- Reparar los agujeros de seguridad del sistema (corregir las vulnerabilidades del sistema)
- Proporcionar nuevas funcionalidades o mejoras al software.

El proceso de actualización consiste básicamente en descargar de la página web del fabricante del programa los ficheros necesarios, hacer clic en el archivo

de instalación y seguir los pasos para incluirlo en el sistema. A veces el software cuenta con un sistema de actualización automática que instala por sí misma la actualización del software sin necesidad de hacerlo manualmente (por ejemplo Google Chrome y algunos antivirus como Avira se actualizan de modo automático).

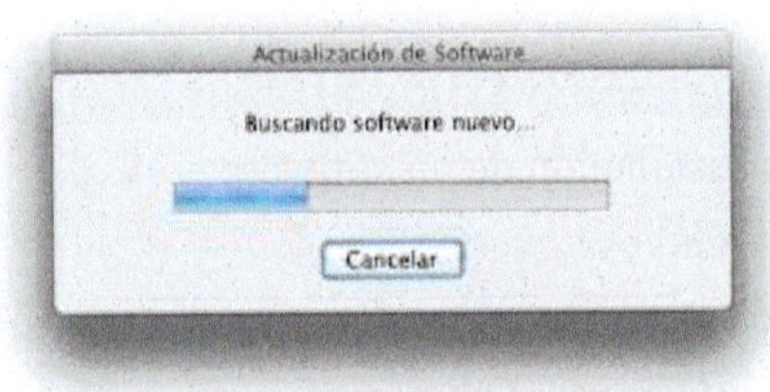

Aunque podemos actualizar el software manualmente quizá lo más sencillo y a la vez más seguro es la actualización automática, de modo que sea el propio sistema quien busque las actualizaciones, las descargue y las instale directamente en el equipo.

Como norma general se recomienda activar las actualizaciones automáticas, sobre todo de las aplicaciones más utilizadas que coinciden con las que están más expuestas a sufrir un ataque. Estas vulnerabilidades y ataques obligan a las grandes empresas de tecnología a comercializar productos de software actualizados y seguros, invirtiendo considerables sumas de dinero para analizar y detectar posibles bugs o fallos en sus programas y evitar así males mayores tanto para el usuario como para la propia empresa, a pesar de que en algunas ocasiones hayan sido los propios usuarios quienes han descubierto errores o fallos en los programas como podemos apreciar en las siguientes *noticias:*

Descubre un fallo de seguridad en Facebook y lo confirma a través del muro de Mark Zuckerberg

Diariocrítico/EP 19/08/2013 11:14:25

Tweet

El 'hacker' Khalil Shreateh ha demostrado una vulnerabilidad de Facebook a través del muro de su fundador Mark Zuckerberg. Este 'hacker' descubrió un 'bug' que permitía a cualquier usuario publicar contenidos en el muro de cualquier persona aunque no estén agregados como amigos. Sin embargo, el equipo de Facebook no reconoció el error por lo que Shreateh decidió demostrar que sí existía publicando un comentario en el muro de Zuckerberg.

SEGURIDAD | Pantalla de bloqueo

Un soldado español descubre un importante fallo de seguridad en iOS 7

Portaltic/EP | Madrid

Actualizado viernes 20/09/2013 **13:00 horas**

Descubren brecha de seguridad en Google Chrome

Viernes, 24 de Enero 2014 | 1:07 pm

Existen muchas herramientas que facilitan la tarea de actualizar el software.

Entre estas *herramientas* se pueden señalar:

- *Update notifier,* una herramienta gratuita que escanea el sistema localizando el software instalado y muestra una lista con las actualizaciones del mismo. Más información: https://tinyurl.com/u55audp
- *Update Checker de FileHippo,* otra de las herramientas gratuitas para Windows que escanea el software instalado enviando una lista a FileHippo.com que es quien comprueba si existen nuevas versiones. Para utilizar este programa se requiere tener instalado Microsoft.NET Framework 2.0. Más información: https://tinyurl.com/yx8yb94k
- *Appfresh,* herramienta para MAC que escanea como en otros programas las aplicaciones instaladas y comprueba la existencia de nuevas versiones. Más información: https://appfresh.uptodown.com/mac
- *Synaptic,* una herramienta para Linux que permite actualizar e instalar todo tipo de software de forma fácil y cómoda. La herramienta funciona en modo comando. Más información: https://tinyurl.com/qw53xg4

8.4.5. Restauración del software previo a la actualización

En ciertas ocasiones podemos encontrarnos con que el propio software cuenta con un control de versiones y de restauración de modo que se pueda regresar a un estado anterior en una fecha donde se ha producido una actualización determinada.

Cuando un sistema no dispone de este control de actualizaciones se puede realizar una restauración del sistema operativo al completo, teniendo en cuenta que no sólo se restaura el software instalado sino todo el sistema operativo.

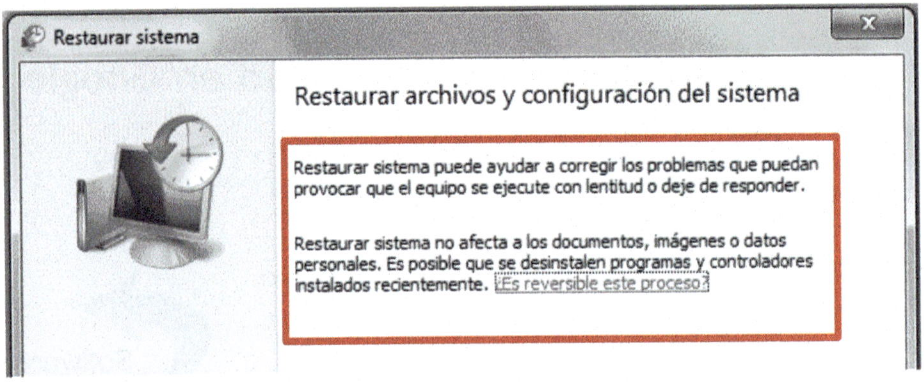

En la opción Restaurar sistema el usuario puede crear un punto de restauración manualmente, elegir un punto concreto para restaurar el sistema o bien cambiar la configuración. La restauración en sí puede deshacerse posteriormente. Los puntos de restauración viejos se eliminan para evitar que se llene el disco duro. Restaurar sistema respalda archivos de sistema con las extensiones .dll o .exe, guardándolas para su posterior restauración y uso. También respalda el registro del sistema y la mayoría de los controladores.

ACTUALIZACIÓN ------	**Reparar agujeros de seguridad o añadir nuevas funcionalidades al programa**
RESTAURACIÓN -------	**Devolver el sistema a un estado anterior en el tiempo para solucionar un problema concreto**

8.4.6. Realización de pruebas

Se debe seguir un protocolo de pruebas de modo que se compruebe que la actualización ha sido satisfactoria y el software sigue cumpliendo con las funcionalidades para las que fue instalado.

Las pruebas para evaluar la funcionalidad se realizan tras el proceso de actualización del software y se llevan a cabo para verificar que la aplicación funciona correctamente. De este modo se utilizan las plataformas, los exploradores y las secuencias de comando de pruebas necesarias para asegurarse de que el usuario objetivo sienta que la aplicación ha sido desarrollada específicamente para el mercado y la funcionalidad al que pertenece.

8.5. Mantenimiento de la base de datos

8.5.1. Eliminación de datos, equipos y usuarios

Para mantener correctamente la base de datos debemos saber que necesitamos realizar determinadas operaciones con ella.

La labor principal del mantenimiento es eliminar todos los datos y los objetos principales del sistema que no son de utilidad puesto que tanto usuarios como equipos se registran en la base de datos a través de los registros que contienen toda la información necesaria.

De toda esta gestión se suele encargar el propio software, de modo que nosotros sólo debemos asegurarnos que el sistema tenga los datos necesarios para su funcionamiento y que todos los registros estén perfectamente actualizados.

8.5.2. Eliminación de aplicaciones y programas

Se puede desinstalar o eliminar un programa del equipo cuando éste ya no se usa o cuando se quiere ganar algo de espacio en el disco duro. Entre las opciones del sistema para eliminar un programa está por ejemplo la opción Programas y características, desde la cual podemos desinstalar el programa que queremos quitar o podemos agregar/modificar ciertas opciones y cambiar de este modo la configuración de un programa determinado.

Para acceder a esta opción seguimos la siguiente ruta: Inicio/Panel de control/ Programas y características. En la ventana emergente aparecen todos los programas que tenemos instalados en el equipo. Para desinstalar un programa lo seleccionamos y hacemos clic en Desinstalar.

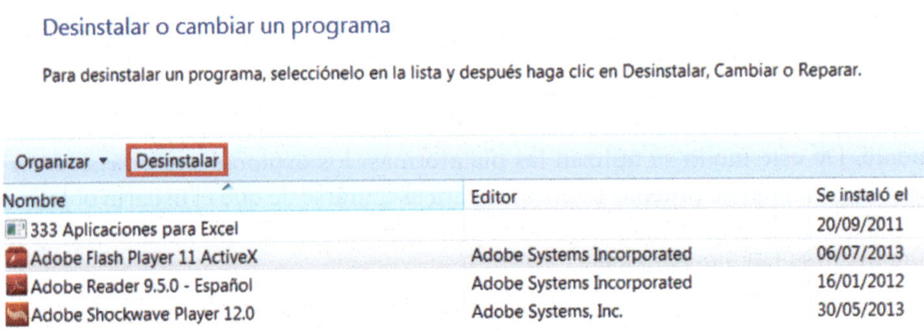

En algunas ocasiones el propio programa puede venir con una opción desinstaladora (Uninstall) o bien el mismo sistema operativo dispone de *aplicaciones y de recursos* varios para desinstalar programas, entre los cuales destacamos:

- Programas y características
- Editor del Registro (regedit)
- Carpeta C:\Archivos de programa
- Agregar o quitar componentes de Windows (sysoc.inf)

8.5.3. Exportación e importación de datos

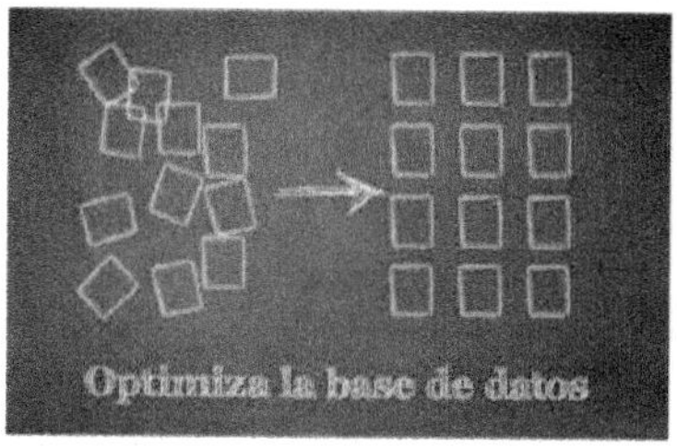

Cada sistema de base de datos tiene un método diferente para la exportación e importación de la misma, por lo que es necesario conocer el sistema gestor de la base de datos relacionado con el sistema que utiliza el software.

Un sistema gestor de bases de datos (en adelante SGBD) es un conjunto de programas que permiten el almacenamiento, modificación y extracción de la información en una base de datos, además de proporcionar herramientas para añadir, borrar, modificar o analizar los datos. Los usuarios pueden acceder a la información usando herramientas específicas de interrogación y de generación de informes o bien mediante determinadas aplicaciones creadas al efecto. Los SGBD proporcionan métodos que garantizan la integridad de los datos, la administración en el acceso del usuario a los datos y para recuperar la información cuando el sistema se corrompe. Permite presentar la información de la base de datos en varios formatos. La mayoría de los SGBD incluyen un generador de informes o un módulo de tipo gráfico que permita presentar la información con gráficos y tablas.

Hay muchos tipos y tamaños de SGBD según el manejo que se realice de los datos o la funcionalidad sobre los sistemas (sobre todo en equipos con poca memoria y con sistemas especiales de almacenamiento). Generalmente el acceso a los datos se realiza a través de lenguajes de interrogación, lenguajes de alto nivel que simplifican la tarea de construir las aplicaciones. También simplifican la interrogación y el modo de presentar la información.

Un SGBD permite controlar el acceso a los datos, asegurar su integridad, gestionar el acceso concurrente a ellos, recuperar datos tras un fallo en el sistema y hacer copias de seguridad.

SISTEMA GESTOR DE BASES DE DATOS

- Permite el almacenamiento, la modificación y extracción de la información de una base de datos
- Proporciona asistencia para añadir, borrar, modificar o analizar datos
- Permite presentar la información de la base de datos en varios formatos
- Garantiza la integridad de los datos
- Posibilita la recuperación de información cuando falla el sistema

8.5.4. Copias de seguridad

Una copia de seguridad, copia de respaldo o backup es una copia de los datos originales que se realiza con el fin de disponer de un medio para recuperarlos en caso de pérdida de los mismos. Las copias de seguridad son útiles ante distintos eventos y usos entre los que destacamos por ejemplo la recuperación de sistemas o datos cuando se produce una catástrofe informática o un ataque como virus; la restauración de determinados archivos que se han eliminado accidentalmente, se han corrompido o han sido infectados por un virus informático u otras causas; el almacenamiento de información histórica de forma más económica y menos pesada que en discos duros y el traslado de las copias a ubicaciones diferentes que la de los datos originales (facilita la portabilidad de los datos).

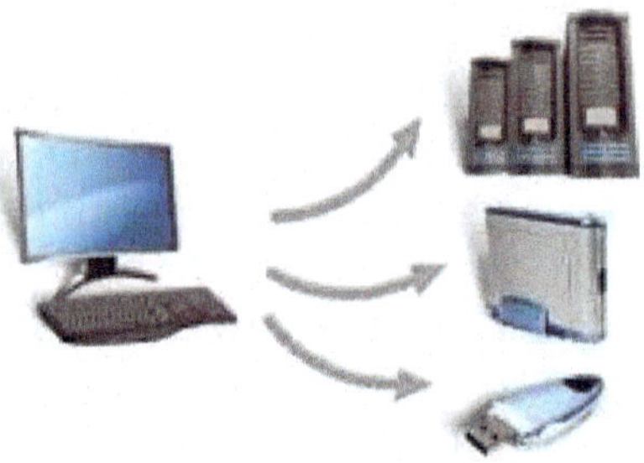

BACKUP

El proceso de copia de seguridad se complementa con otro conocido como restauración de los datos (restore), que es la opción de leer y grabar en la ubicación original o en otra alternativa los datos requeridos.

Antes de que los datos se envíen a su lugar de almacenamiento en el sistema se deben seleccionar, extraer y manipular. Con el tiempo se han desarrollado muchas técnicas diferentes para optimizar el procedimiento de backups. Estos procedimientos incluyen desde optimizadores para trabajar con archivos abiertos y fuentes de datos en uso hasta procesos de compresión, cifrado o duplicación, un modo de compresión de datos que elimina los datos superfluos.

Las copias de seguridad garantizan el cumplimiento de dos *objetivos:* integridad y disponibilidad de los datos. Las backup copian los datos originales tal cual están y ofrecen la posibilidad de recuperarlos en cualquier momento que los necesitemos a través de los mismos medios con los que hemos hecho las copias.

COPIAS DE SEGURIDAD
• Copia de los datos originales
• Se pueden recuperar en caso de pérdida de datos
• Útiles cuando aparecen virus informáticos
• Almacenamiento económico y menos pesado
• Facilitan la portabilidad de los datos a otras ubicaciones
• Para recuperar los datos hay que restaurarlos
• Los datos deben extraerse y manipularse antes de almacenarlos
• Garantiza la integridad y disponibilidad de los datos

Ejercicio práctico

Este ejercicio plantea el hecho de saber cómo se deben desinstalar los componentes implicados antes de aplicar cualquier actualización.

Realizar una copia de seguridad de algunos archivos y programas y luego proceder a su desinstalación definitiva del sistema con alguna de las herramientas disponibles en el sistema operativo.

Enlaces de interés

- *Documentos, guías, apuntes y manuales varios sobre mantenimiento en general y sobre mantenimiento del software:*
  https://tinyurl.com/snxzcv6
  https://tinyurl.com/wvh7o43
  https://tinyurl.com/s4zwlwf
  https://tinyurl.com/y3svn6dd
- *Sobre mantenimiento preventivo:* https://tinyurl.com/66uklhb
- *Manual de HP sobre actualizaciones, copias de seguridad y recuperaciones de software:* https://tinyurl.com/t8c7ehv
- *Sobre SGBD y bases de datos en general:* https://tinyurl.com/r9fnttz
- *Actualizaciones del software (INTECO):* https://tinyurl.com/vq5ckcc
- *Tipos de mantenimiento:* https://tinyurl.com/y3svn6dd
- *Libro Mantenimiento de Jezdimir Knezevic:* https://tinyurl.com/y3gaqmkk
- *Libro Sistemas Operativos de William Stallings:* http://tinyurl.com/rof5vc4

- *Libro Sistemas informáticos:* https://tinyurl.com/yx792xt6
- *Libro Instalación y mantenimiento del software:* http://tinyurl.com/ttvktsg

Glosario

- *Actualización:* proceso para corregir algunos defectos, mejorar un programa o ponerlo al día. Un ejemplo de actualizaciones son los antivirus que necesitan estar actualizados para prevenir los ataques.
- *Avería:* cese de la capacidad de un elemento, un componente o un sistema que hace parte de un equipo para realizar su función específica. Esta pérdida de capacidad puede ser total o parcial.
- *Backup:* copia de seguridad de uno o más archivos informáticos que se realiza para evitar pérdidas de información.
- *Bug:* error o defecto en el software o en el hardware que hace que un programa funcione de manera incorrecta. A menudo los bugs son causados por conflictos del software cuando las aplicaciones intentan funcionar en tándem.
- *Criterio:* norma, regla o pauta que una persona sigue para conocer la verdad o la falsedad de un tema, asunto o cuestión.
- *Duplicación (o replicación):* copia exacta de parte del sistema, siendo esta parte por ejemplo un archivo, una carpeta, un disco o una partición.
- *Enlace simbólico:* acceso a un directorio o fichero que se encuentra en un lugar distinto dentro de la estructura de directorios. Una modificación realizada utilizando este enlace se reflejará en el original, aunque si se elimina el enlace no se elimina el enlace auténtico.
- *Exportación:* manera en la que llevamos los datos hacia otra fuente que los va a utilizar o gestionar.
- *Importación:* extraer de un archivo cierta información para llevarla a otro. También puede utilizarse para incorporar a una aplicación objetos que fueron creados en otra distinta.
- *Instalación:* proceso de transferencia de nuevos programas a un ordenador para que sean configurados y preparados para ser ejecutados en el sistema informático. Las fases de desarrollo en la instalación serían desarrollo, prueba y producción.
- *Lenguaje de interrogación:* tipo de lenguaje en el que un usuario solicita información de la base de datos. Estos lenguajes suelen ser de un nivel superior a los lenguajes de programación habituales. Pueden clasificar-

se en dos grupos: lenguajes procedimentales y no procedimentales. El lenguaje de interrogación facilita la búsqueda de contenidos cuando se desconocen sus características. Uno de los lenguajes más utilizados es el de los operadores booleanos.

- *Mantenimiento:* conjunto de acciones que tienen como principal objetivo mantener un objeto o restaurarlo a un estado en el cual puede estar operativo. Entre las acciones a seguir están comprobaciones, mediciones, reemplazos, ajustes o reparaciones.
- *Plan estratégico:* programa de actuación que consiste en aclarar lo que pretendemos conseguir y cómo nos proponemos conseguirlo. Esta programación se plasma en un documento donde concretamos las decisiones que deben orientar nuestra marcha hacia la gestión excelente. El plan contiene tres puntos principales: objetivos, políticas y acciones.
- *Requisito:* necesidad documentada sobre el contenido, la forma o la funcionalidad de un producto o servicio. Los requisitos se utilizan como datos de entrada en la etapa de diseño del producto, estableciendo qué debe hacer el sistema pero no cómo debe hacerlo.
- *Restauración:* manera de deshacer cambios en el sistema realizados con anterioridad en el equipo sin afectación a datos personales como documentos o fotografías. La restauración utiliza la protección del sistema para crear y almacenar regularmente puntos de restauración en el equipo que contienen información de la configuración del equipo y otra información sobre el sistema.
- *Sistematización:* interpretación crítica de una o de varias experiencias que a partir de su ordenamiento y su reconstrucción descubren o explican la lógica del proceso vivido, los factores que han intervenido en dicho proceso, cómo se han relacionado entre sí y por qué se ha hecho de ese modo.
- *Vulnerabilidad:* debilidad en un sistema que permite a un atacante violar la confidencialidad, la integridad, el control en el acceso y la consistencia del sistema o de sus datos y aplicaciones. Las vulnerabilidades son resultado de bugs o fallos en el diseño del sistema. Las vulnerabilidades se pueden corregir con parches, hotfixs o cambios de versión. Algunas vulnerabilidades son: ejecución de código remoto, secuestro de sesiones o symlink races.

Resumen

- Este tema nos ha llevado a entender algo mejor la necesidad de cuidar el software, de actualizarlo y de registrar cualquier cambio en el mismo dentro de la base de datos, de modo que quede constancia cierta y verdadera de las modificaciones introducidas dentro del software para que cumplan correctamente con su función original y no cause problemas ni al usuario ni dentro del sistema.
- Una forma de evitar esos posibles problemas es la actualización, la cual siempre puede añadir mejoras en el programa entre otras funciones.
- Se ha destacado asimismo la importancia de programar de manera manual o automática copias de seguridad de los datos o de los programas más utilizados, para que en caso de catástrofe informática o de ataque de virus no se pierdan y queden almacenados en un lugar seguro y a salvo para recuperarlos a través de la restauración de archivos cuando así sea necesario.

Bibliografía

GALLEGO CANO, J. C. *Instalación de software. Montaje y mantenimiento de equipos,* EDITEX.

MORENO PÉREZ, J. C. *Operaciones auxiliares de mantenimiento de sistemas microinformáticos,* Ra-Ma Editorial, Madrid, 2012.

MORENO PÉREZ, J.C. y RAMOS PÉREZ, A. F. *Mantenimiento del subsistema lógico de sistemas informáticos,* Starbook Editorial, Madrid, 2012.

PIATTINI, M. *Mantenimiento del software: modelos, técnicas y métodos para la gestión del cambio,* Ra-Ma Editorial, Madrid, 2000.

PIATTINI, M. et al. *Mantenimiento del software. Conceptos, métodos, herramientas y outsourcing,* Ra-Ma Editorial, Madrid.

PIATTINI, M. y GARCÍA, F. *Calidad en el desarrollo y mantenimiento del software,* Ra-Ma Editorial. Madrid, 2003.

PRESSMAN, R. *Ingeniería del software: un enfoque práctico,* Mc Graw-Hill, Madrid, 2003.

SOMMERVILLE, I. *Ingeniería del software,* Pearson Educación, Madrid, 2005

VV.AA. *Instalación y mantenimiento de equipos y sistemas informáticos,* Ediciones Paraninfo, 2005.

9. PROCEDIMIENTOS DE ADMINISTRACIÓN

INTRODUCCIÓN

En este tema final nos centraremos en los aspectos relativos a la administración, y más concretamente en la administración del software y de sistemas en red, explicando qué es la administración de red, las tareas básicas de un administrador de sistemas en red, la administración de procesos, servicios y eventos, las tareas administrativas más comunes con sus características y modos de ejecución, las herramientas administrativas que pueden utilizarse para supervisar los sistemas en red, cómo mantener los soportes que almacenan la información y las tareas básicas de mantenimiento de estos soportes, entre las que podemos destacar la desfragmentación, la liberación de espacio o las copias de seguridad. Además mencionaremos qué es la línea de comandos y sus utilidades, cómo se pueden programar tareas en el sistema y desarrollaremos cómo se puede gestionar de forma remota un ordenador a través de programas y utilidades como VNC.

OBJETIVOS

- Saber cómo aplicar procedimientos de administración y lograr mantener el funcionamiento del sistema dentro de unos parámetros especificados.
- Identificar las herramientas administrativas disponibles en el sistema.
- Describir los tipos de tareas de administración de sistemas informáticos detallando sus características, modos de ejecución y mecanismos disponibles para su ejecución automática.

- Citar las técnicas de mantenimiento de la configuración del software de base y de aplicación que se necesitan para mantener la operatividad del sistema.
- Realizar tareas de administración para el mantenimiento de los componentes del sistema
- Aprender a ejecutar y comprobar la programación de las tareas administrativas automáticas.
- Ejecutar programas y guiones administrativos según indicaciones del administrador.
- Documentar todos los procedimientos aplicados detallando las incidencias detectadas.
- Mantener el inventario de software actualizado registrando los cambios realizados.

MAPA CONCEPTUAL

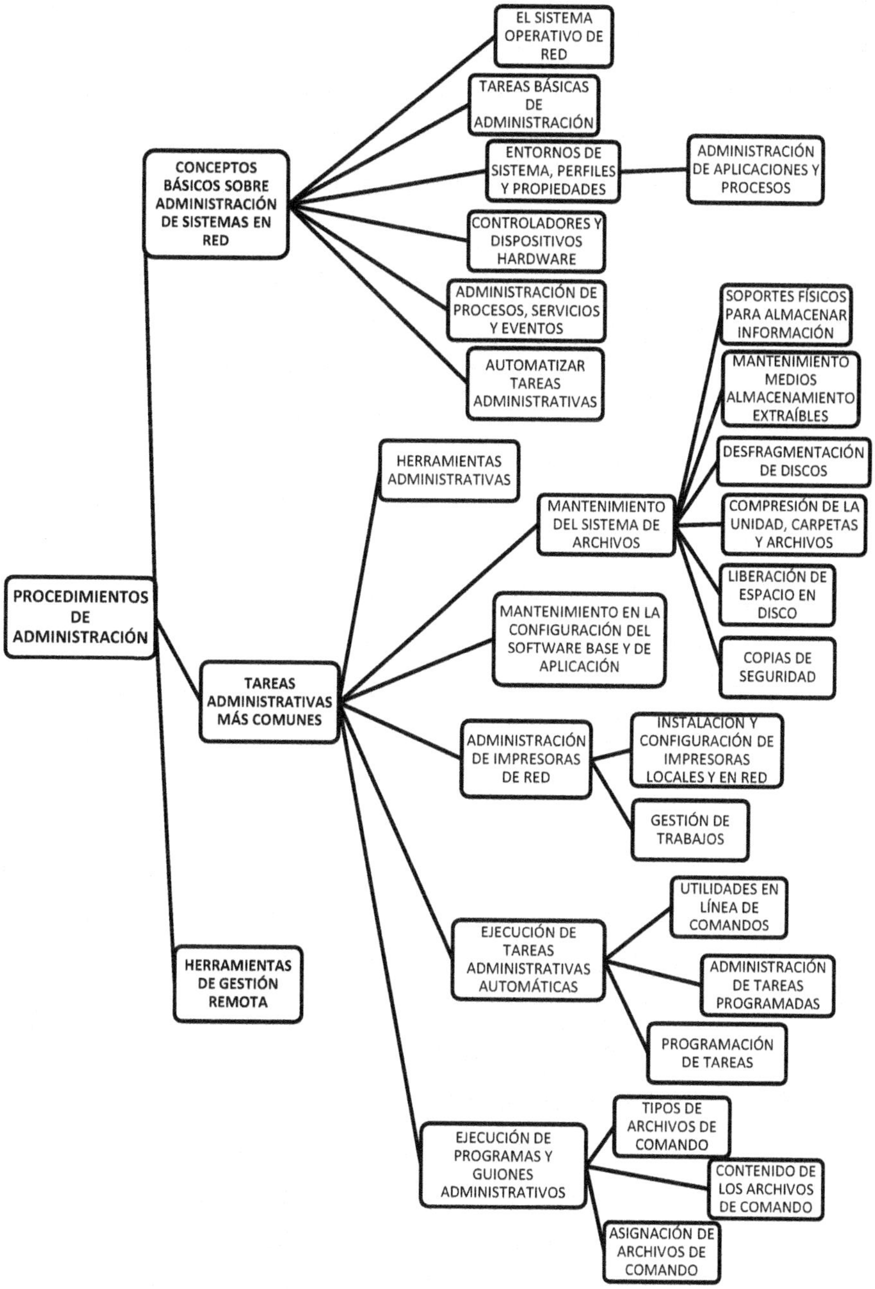

9.1. Conceptos básicos sobre administración de sistemas en red

9.1.1. El sistema operativo de red

El sistema operativo de red, también llamado NOS (*Network Operating System*), permite la interconexión de ordenadores para acceder a determinados servicios y recursos. Al igual que un equipo no puede trabajar sin un sistema operativo, una red de equipos no puede funcionar sin un sistema operativo de red. Si no existe un sistema operativo de red entonces el equipo no puede compartir recursos y los usuarios no pueden utilizar esos recursos.

El sistema operativo de red es un componente de software de un ordenador que coordina y maneja las actividades de los recursos del ordenador en una red de equipos. Consiste esencialmente en un software que posibilita la comunicación de un sistema informático con otros equipos en el ámbito de una red.

Dependiendo del fabricante del sistema operativo de red se puede añadir el software de red al propio sistema operativo del equipo o incluso integrarse en él. Netware de Novell es el ejemplo más conocido de sistema operativo de red en el cual el software de red del equipo cliente se incorpora en el sistema operativo del equipo. El equipo del usuario que va a conectarse a la red necesita los dos sistemas operativos para gestionar conjuntamente las funciones de red y las funciones individuales.

El software de sistema operativo de red se integra perfectamente en un importante número de sistemas operativos como Windows 2000 Server/Profesional, Windows NT Server/Workstation, Windows 95/98/ME y Apple Talk entre otros.

Cada configuración, tanto la de los sistemas operativos de red como las del equipo por separado o un sistema operativo que combine las funciones de ambos tienen sus ventajas y sus inconvenientes. Por tanto el trabajo del especialista en redes es determinar la mejor configuración para las necesidades de nuestra red.

Más información sobre el *sistema operativo de red:*

- https://tinyurl.com/yypc42mj
- https://tinyurl.com/yxrfllcl

9.1.2. Tareas básicas de administración

Entre las *tareas* básicas para administrar un sistema informático tenemos las siguientes:

- *Administración de usuarios,* con la cual se crean o se eliminan usuarios dentro de cada grupo o servicio.
- *Atención al usuario,* en la cual se presta ayuda a los usuarios solucionando los problemas que puedan surgir en la utilización de sus equipos.
- *Mantenimiento de hardware y software,* en el que se incluyen tareas como instalación y configuración de sistemas operativos y de dispositivos, gestión de discos duros o eliminación de hardware o software.
- *Administración de red,* que incluye tareas como la configuración de IP, la autenticación, servicios relacionados con los archivos y con la impresión. En esta tarea se controla el correcto funcionamiento de la red.
- *Administración de servicios,* que incluye tareas como la instalación y configuración de ciertos servicios como el correo electrónico o la transferencia de archivos entre otros.
- *Administración de datos,* en la cual se procura conservar la integridad de los datos almacenados en el equipo.

Entre las *responsabilidades* de un administrador de sistemas de red se incluyen las siguientes:

- Realizar copias de seguridad de los datos del sistema.
- Actualizar el sistema operativo y configurar correctamente los cambios introducidos.
- Instalar y configurar el nuevo hardware y el nuevo software.
- Agregar, borrar o modificar la información de las cuentas de los usuarios.
- Restablecer contraseñas de los usuarios.
- Responder a las consultas técnicas que se realicen sobre el sistema.
- Es el responsable de la seguridad completa del entorno de la red.
- Es el responsable de documentar la configuración del sistema.
- Se encarga de resolver todos los problemas que se produzcan en el sistema.
- Se encarga de planificar una configuración óptima del sistema.
- Es el encargado de implementar planes de recuperación ante desastres.

9.1.3. Entornos de sistemas, perfiles y propiedades

9.1.3.1. Administración de aplicaciones y procesos

La administración de aplicaciones y de procesos en el sistema se realiza normalmente mediante un administrador de tareas.

El Administrador de tareas de Windows es una herramienta incluida en los sistemas operativos Windows que proporciona información sobre los procesos y aplicaciones en ejecución en el sistema, la actividad de la red, la información sobre los usuarios y los servicios del sistema. El administrador permite cerrar las aplicaciones que están en conflicto o causan problemas al sistema de una manera segura y rápida.

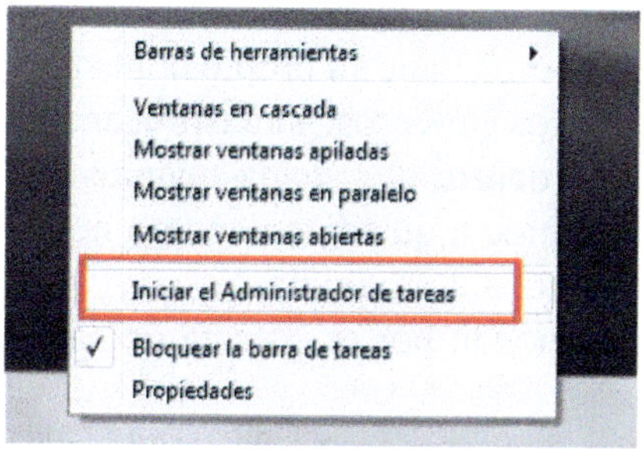

Esta herramienta puede utilizarse presionando la combinación de teclas Crtl+Alt+Supr o haciendo clic en el botón secundario del ratón dentro de la barra de tareas y pulsando la opción Iniciar el Administrador de tareas.

Más información: https://tinyurl.com/s36g73n

9.1.4. Controladores y dispositivos de hardware

Un manejador o controlador de dispositivo (en inglés driver o device driver) es un programa informático que permite al sistema operativo interaccionar con un periférico, haciendo una abstracción del hardware y proporcionando al usuario una interfaz adecuada para usarlo. El driver se puede esquematizar como un manual de instrucciones que indica al sistema operativo cómo debe controlar el componente y cómo debe comunicarse con un dispositivo en particular. Por ello es una pieza esencial sin la que no podría usarse ningún hardware.

9.1.5. Administración de procesos, servicios y eventos

Un proceso puede entenderse como un programa en ejecución. Definido formalmente un proceso es *una unidad de actividad que se caracteriza por la ejecución de una secuencia de instrucciones, un estado actual y un conjunto de recursos del sistema a los que están asociados.*

Para entender lo que significa un proceso y la diferencia entre un programa y un proceso, Tanenbaum propone la siguiente analogía: *Un científico computacional con mente culinaria hornea un pastel de cumpleaños para su hija; tiene la receta para su pastel de cumpleaños y una cocina bien equipada con todos los ingredientes necesarios, tales como harina, huevos, azúcar, leche, etc.* La analogía se refiere a que la receta representa el programa (el algoritmo), el científico es el procesador y los ingredientes son las entradas del programa. El proceso es la actividad que consiste en que el científico vaya leyendo la receta, mezclando correctamente los ingredientes y luego horneando el pastel en el tiempo justo.

Cada uno de los procesos tiene su propio contador de programas, registros o variables, aislados de otros procesos, incluso cuando se ejecuta el programa varias veces. Cuando esto ocurre el sistema operativo usa la misma región de memoria que el código, debido a que dicho código no cambiará a menos que se ejecute una revisión diferente del programa.

Los *procesos* se gestionan por el sistema operativo y normalmente están formados por:

- Las instrucciones de un programa destinados a ser ejecutados por el microprocesador.
- Su estado de ejecución en un momento dado, es decir, los valores de los registros de la unidad central de procesamiento para dicho programa.
- Su memoria de trabajo o memoria crítica, es decir, la memoria que se ha reservado para el proceso y sus contenidos.
- Cualquier otra información que permita al sistema operativo su planificación.

Un proceso se rige en pequeñas porciones, conocidas como páginas, y cada proceso tiene su propia tabla de paginación, que sirve también como una optimización del sistema operativo ante los fallos que se puedan producir en la página. Esta definición varía ligeramente en el caso de sistemas operativos multihilo, en los cuales un proceso consta de uno o más hilos, la memoria de trabajo (que es compartida por todos los hilos) y la información sobre la planificación. Cada hilo consta de instrucciones y de estado de ejecución.

Los procesos son creados y eliminados por el sistema operativo, que también debe hacerse cargo de la comunicación entre procesos, pero lo hace a petición de otra serie de procesos (como el tiempo de reloj). El mecanismo por el cual un proceso crea otro proceso se denomina bifurcación (en inglés fork). El proceso de arranque de sistemas GNU/Linux, por ejemplo, se inicia con un solo proceso llamado init y después comienza a crear los hilos necesarios para tener el sistema listo para su uso. Los nuevos procesos pueden ser independientes y no compartir necesariamente el espacio de memoria con el proceso que los ha creado o pueden ser creados en el mismo espacio de memoria.

En los sistemas operativos multihilo es posible crear tantos hilos como procesos. La diferencia estriba en que un proceso sólo puede crear hilos para sí mismo y en que dichos hilos comparten toda la memoria reservada para el proceso.

Los procesos además pueden ser cooperativos e independientes. Dos o más procesos pueden cooperar mediante señales de forma que un proceso obliga a detenerse a los otros hasta que reciban una señal para que puedan continuar. En estos casos se usa una variable de tipo semáforo para sincronizar los procesos; se mantiene una cola de procesos en espera y un proceso se suspende hasta que se envía la señal para que pueda ejecutarse.

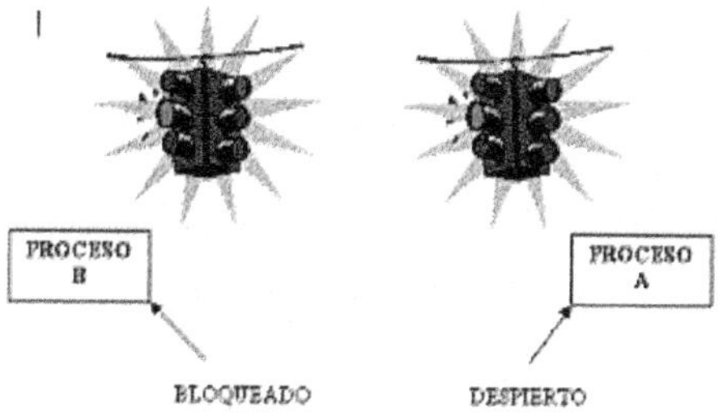

La sincronización explícita entre procesos es un caso particular del estado bloqueado. En este caso el suceso que permite desbloquear un proceso no es una operación de entrada/salida, sino una señal generada a propósito por el programador desde otro proceso.

Hay cuatro eventos principales que provocan la creación de *procesos:*

- El arranque del sistema.
- La ejecución, desde un proceso, de una llamada al sistema para la creación de otro proceso.
- Una petición de un usuario que abre un nuevo proceso.
- El inicio de un trabajo por lotes.

Los procesos pueden contener entonces uno o más hilos, haciendo más eficiente las tareas del sistema y evitando así los indeseados bloqueos del sistema.

9.1.6. Automatizar tareas administrativas, directiva y procedimientos

Para automatizar la administración de sistemas debemos definir las tareas administrativas más comunes y especificar las condiciones en las que se debe producir y desarrollar cada una de ellas El uso de la administración automatizada para controlar tareas y eventos permite al personal de sistemas dedicarse a más tareas administrativas.

Hoy en día se tiende a hacia la eficiencia y la eficacia de la administración en el desempeño de sus amplios y diversos cometidos, entre los que se incluyen el control de procesos y la correcta gestión y mantenimiento de todo el sistema y de la instalación que lo soporta. En este sentido los avances informáticos tienen un papel primordial en la gestión de los procesos administrativos, tanto para agilizar tramitaciones como para obtener datos que puedan ser interpretados correctamente con el fin de elaborar conclusiones acertadas sobre la calidad de los servicios prestados, conocer el volumen de trabajo de cada una de las unidades del sistema o cómo se están cumpliendo los objetivos planteados con anterioridad.

9.2. Tipos de tareas administrativas más comunes

Entre las tareas administrativas más comunes mencionamos los backup o copias de seguridad, la gestión de las cuentas de usuario, la optimización del software y la resolución de otro tipo de problemas.

Una copia de seguridad, copia de respaldo o backup es una réplica de los datos originales que se realiza con el fin de disponer de un medio para recuperarlos en caso de que se pierdan, se borren o se modifiquen. Las copias de seguridad son muy útiles en distintos eventos y usos, tales como recuperar los sistemas informáticos y los datos debido a catástrofes informáticas, a catástrofes naturales o a un ataque informático con un virus como causante. También se pueden utilizar para restaurar una pequeña cantidad de archivos que pueden haber sido eliminados, corrompidos accidentalmente o que hayan sido infectados por un virus informático o por otras causas y para almacenar información de manera más económica y portable que otros medios.

Junto con la copia de seguridad existe la restauración de datos, que es el proceso por el cual se recuperan de forma comprensible los datos originales de los cuales se ha hecho la copia.

En cuanto a la gestión de las cuentas de usuario ya hablamos de ello en el capítulo 5 del tema 2 la unidad 2 en el capítulo Gestión de usuarios, donde explicamos que cualquier usuario que quiera acceder al sistema debe tener un nombre de usuario y una contraseña (proceso de identificación que también es llamado Log In). Recomendamos consultar de nuevo dicho capítulo para recordar toda la información sobre gestión de usuarios.

La optimización del software es el proceso de modificación del software para que alguno de los aspectos del mismo funcione de manera más eficiente, utilizando menos recursos y aumentando el rendimiento del sistema. Así un programa puede ser optimizado para que funcione más rápidamente, consuma menos energía o pueda operar utilizando menos memoria del sistema.

Para finalizar este capítulo diremos que la resolución de problemas es la fase que supone una conclusión de un proceso más amplio que tiene como pasos previos la identificación del problema y su modelado. Definimos problema como el asunto del que se espera una solución distinta a la del planteamiento inicial. El matemático G. H. Wheatley definía este proceso como lo que haces cuando no sabes qué hacer. En la resolución de problemas encontramos dos vertientes diferentes: resolución de problemas matemáticos y resolución de problemas personales, en los cuales se presentan obstáculos para su resolución, mientras que los fundamentos para la resolución se estudian e investigan en disciplinas como la psicología del pensamiento o la ciencia cognitiva, las cuales aportan claves para averiguar cómo pensamos y cómo nos comportamos ante determinadas situaciones o problemas que requieren de nuestra total implicación y participación para encontrar una respuesta satisfactoria.

9.2.1. Herramientas administrativas

Las herramientas administrativas son un paquete de utilidades que contienen herramientas para los administradores de sistemas y para usuarios con conocimientos avanzados.

Nombre	Fecha de modifica...	Tipo
Administración de equipos	14/07/2009 6:54	Acceso directo
Administración de impresión	29/01/2012 10:57	Acceso directo
Configuración del sistema	14/07/2009 6:53	Acceso directo
Diagnóstico de memoria de Windows	14/07/2009 6:53	Acceso directo
Directiva de seguridad local	21/09/2010 10:14	Acceso directo
Firewall de Windows con seguridad avanzada	14/07/2009 6:54	Acceso directo
Iniciador iSCSI	14/07/2009 6:54	Acceso directo
Monitor de rendimiento	14/07/2009 6:53	Acceso directo
Orígenes de datos ODBC	14/07/2009 6:53	Acceso directo
Programador de tareas	14/07/2009 6:54	Acceso directo
Servicios de componentes	14/07/2009 6:57	Acceso directo
Servicios	14/07/2009 6:54	Acceso directo
Visor de eventos	14/07/2009 6:54	Acceso directo
Windows PowerShell Modules	14/07/2009 7:32	Acceso directo

De las *herramientas* de este paquete destacamos:

- *Administración de equipos,* que permite supervisar equipos locales o remotos, controlando los eventos del sistema, configurando el sistema de archivos o administrando el rendimiento del sistema.
- *Administración de impresión,* que como su propio nombre indica facilita la tarea de administrar impresoras.
- *Configuración del sistema,* que ayuda a identificar problemas que impidan una correcta ejecución de Windows.
- *Diagnóstico de memoria de Windows,* con la cual comprobamos si la memoria funciona como debería funcionar.
- *Directiva de seguridad local,* que facilita la consulta y la edición de la configuración de seguridad de la directiva de grupo del sistema.
- *Firewall de Windows con seguridad avanzada,* para configurar opciones avanzadas en la herramienta Firewall.
- *Iniciador iSCSI,* para configurar una conexión de dispositivos de almacenamiento a través de una red mediante TCP/IP.
- *Monitor de rendimiento,* con el cual se puede consultar en tiempo real la información sobre uso de la CPU, de la memoria, del disco o del uso de la red.
- *Orígenes de datos ODBC,* que posibilita el traslado de datos de una base de datos a otra.

- *Programador de tareas,* con la cual seleccionamos y configuramos la ejecución automatizada de una tarea en un momento determinado.
- *Servicios de componentes,* para configurar y administrar los componentes del modelo de objetos componentes o COM.
- *Servicios,* con la que se controlan los servicios en ejecución en el equipo.
- *Visor de eventos,* en el cual podemos consultar los eventos más importantes que ocurren en el sistema como errores en las aplicaciones. Estos eventos se almacenan en el registro de eventos.
- *Windows PowerShell Modules,* una interfaz de línea de comandos que ayuda a controlar y automatizar algunos aspectos relativos a la administración de sistemas operativos y de las aplicaciones de Windows.

En Linux hay multitud de herramientas administrativas que se encuentran en Sistema/Administración y Aplicaciones/Herramientas del sistema.

Entre otras, se pueden utilizar *herramientas* como:

- Usuarios y grupos, para la gestión de esos perfiles.
- Tareas programadas, con la misma funcionalidad que en sistemas Windows.
- Gparted, que asegura el mantenimiento del sistema de archivos.
- Visor de archivos de sucesos, para acceder a los ficheros de registro del sistema (Visor de eventos en Windows).
- Medidores de rendimiento, los cuales permiten hacer pruebas para calibrar el estado del equipo.
- Comprobación del sistema, que finaliza con un informe detallado tras chequear todo el equipo y comprobar cada uno de sus elementos (similar a la opción chkdsk de Windows).
- Monitor del sistema, que es una utilidad muy parecida al Monitor de rendimiento de sistemas Windows.

Entre las *herramientas administrativas* que se pueden utilizar para gestionar los sistemas en red encontramos las siguientes:

- *WIRESHARK,* un analizador de protocolos open-source diseñado por Gerald Combs y que está disponible para plataformas Windows y Unix. Conocido en su origen como Ethereal su objetivo principal es analizar el tráfico de red además de ser una aplicación para solucionar problemas en la red.

  El programa Wireshark implementa una amplia gama de filtros que facilitan la definición de criterios de búsqueda para los más de mil protocolos que soporta actualmente el programa, todo ello a través de una interfaz sencilla e intuitiva que permite desglosar por capas cada uno de los paquetes capturados.

Wireshark entiende la estructura de los protocolos y por ello nos permite visualizar los campos de las cabeceras y de las capas que componen los paquetes monitorizados, proporcionando múltiples posibilidades al administrador de redes para que realice ciertas tareas en el análisis del tráfico entrante y saliente de la red.

Pueden surgir situaciones en las que el programa no es capaz de interpretar determinados protocolos por la falta de documentación o de estandarización de los mismos, de modo que la ingeniería inversa es la mejor forma de abordar la situación presentada en la red.

Para más información: http://wireshark.org

- *DSNIFF* muestra la seguridad o inseguridad de las redes, sobre todo cuando nos empeñamos en enviar contraseñas en formato de texto plano. Como señala el autor de esta aplicación, Dung Song, la desarrolló para auditar sus propias redes y para demostrar la necesidad de usar la encriptación de forma habitual.

  Para hacerse una idea de las posibilidades del programa podemos conectarnos a Internet y en una sesión como usuario root teclear la instrucción: #dsniff – ippp0. Entrar a continuación en el correo, entrar en algún servidor-servicio que pida contraseña y comprobaremos por arte de magia cómo se capturan los pares usuario-contraseña, adivinando el nombre de usuario y la contraseña de acceso al programa o servicio.

  Dsniff está formado por varias *aplicaciones* entre las cuales destacamos:

  » arpspoof: aplicación que redirige los paquetes de un host de destino (o todos los hosts) en la LAN destinados a otro host en la red a través de la creación de respuestas de tipo ARP.

  » macof: inunda la red local de direcciones MAC aleatorias.

» tcpkill: finaliza las conexiones TCP en proceso que sean seleccionadas por el usuario.

» webspy: captura las URLs de un cliente en el navegador NetScape.

Más información: https://tinyurl.com/k6c65o6

- *ACUNETIX WEB VULNERABILITY SCANNER*, programa que chequea automáticamente las aplicaciones web en busca de vulnerabilidades y de inyecciones SQL o XSS o de amenazas dentro de scripts. El programa también chequea la solidez de las contraseñas en las páginas de autenticación (en formatos HTTP o HTML), escanea aplicaciones en Javascript o en AJAX para detectar problemas de seguridad y comprueba carritos de la compra, formularios, contenido dinámico y otras aplicaciones web, ya que casi los dos tercios de los ataques se lanzan en estos sitios.

Más información: http://acunetix.com/vulnerability-scanner/

- Otro programa para gestionar sistemas en red es *Paros Proxy Lightweight Web Application Tool*, aplicación que funciona como un proxy que permite capturar las peticiones tanto de HTTP como de HTTPS para registrarlas a modo de debug o simplemente para modificarlas. Además de funcionar como proxy incorpora una serie de opciones de seguridad que son muy útiles para escanear el sistema.

Entre otros incluye una opción de Spider que navega por la URL que le indiquemos para controlar el contenido y los posibles agujeros de seguridad en la página. También existe la opción Scan que realiza un análisis de la página web en busca de problemas de seguridad.

Más información: http://tinyurl.com/yenu5xb2

9.2.2. Mantenimiento del sistema de archivos y soportes de información

Las tareas principales para llevar a cabo un mantenimiento correcto en el sistema de archivos son el diagnóstico y la reparación de errores y la desfragmentación de sistema de archivos si así fuera necesario.

Para reparar y corregir los errores de una unidad en Windows 7 seguimos los siguientes *pasos:*

Inicio/Equipo/Seleccionar unidad/Botón derecho del ratón/Propiedades

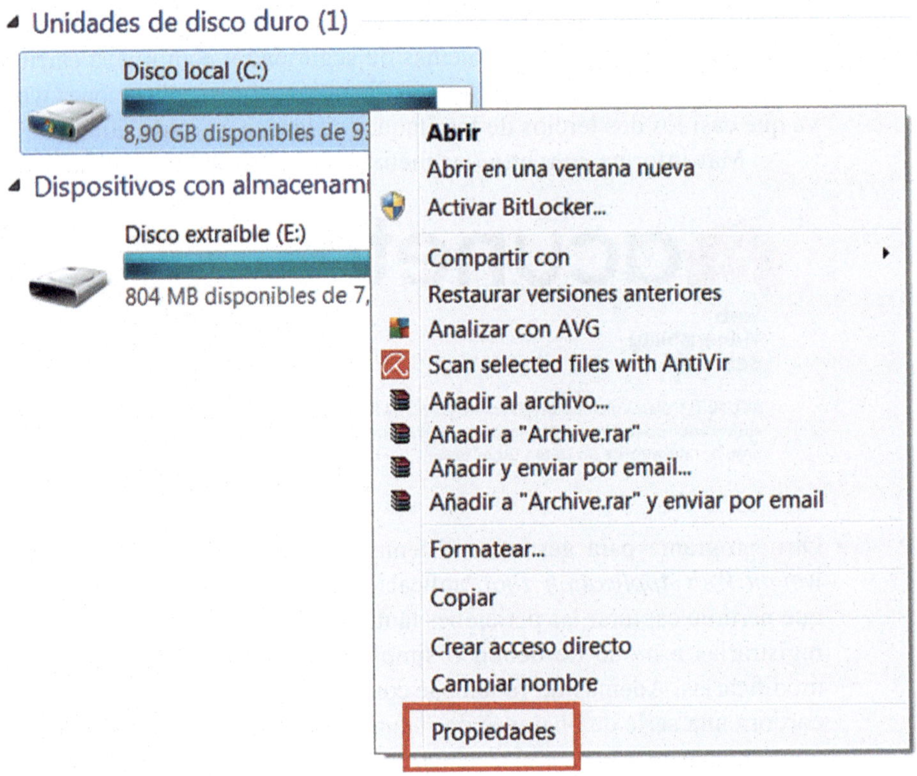

En la pestaña Herramientas hacemos clic en Comprobar ahora dentro de la opción Comprobación de errores.

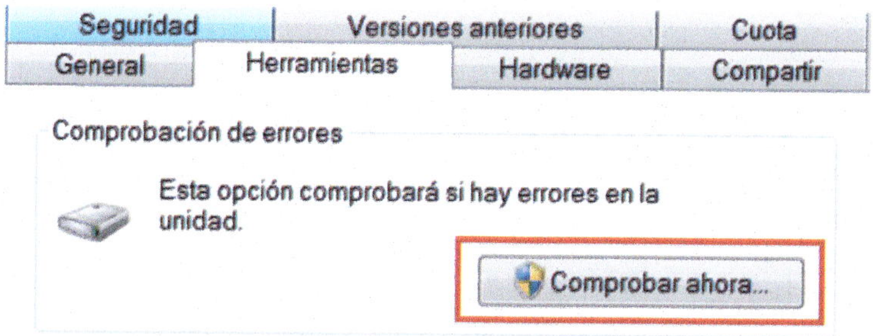

En el nuevo cuadro seleccionar la opción adecuada (Reparar automáticamente errores en el sistema de archivos o Examinar e intentar recuperar los sectores defectuosos). Una vez seleccionada la opción pulsar en Iniciar.

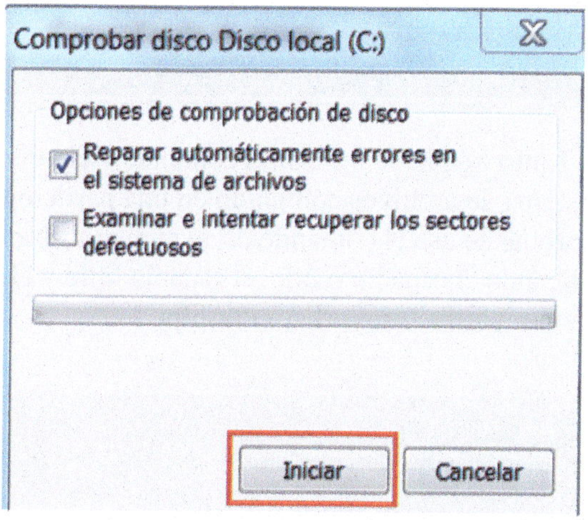

Cuando se ha realizado la comprobación se muestra un resumen. Para salir de la herramienta pulsar en Cerrar.

También Windows dispone de un comando que permite chequear cualquier unidad. Este comando es chkdsk, cuya sintaxis es: chkdsk [volumen] [opciones]. Entre las opciones más destacadas están: /F, que corrige errores en el disco y /R, que encuentra los sectores dañados y recuperan información.´

Más información:

- https://tinyurl.com/yjhamlsw
- https://tinyurl.com/ygtbkabk

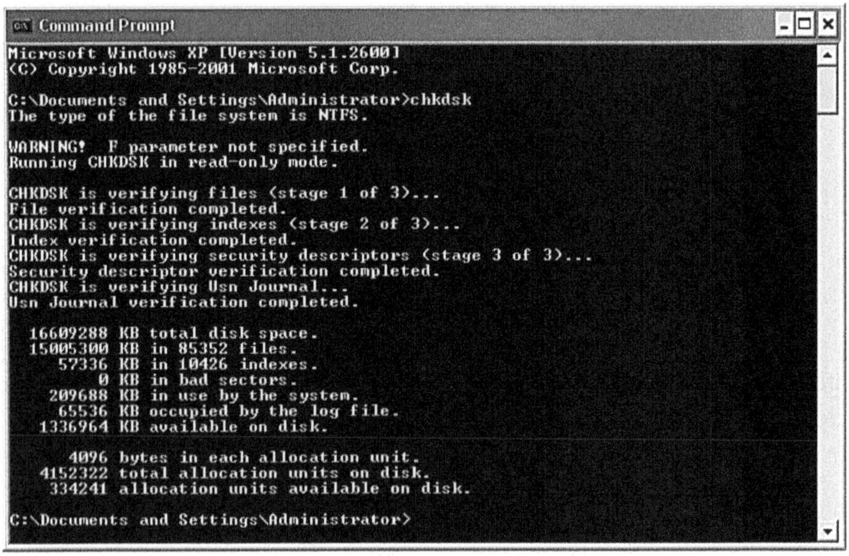

En sistemas Linux se puede utilizar el comando fsck, que permite comprobar y reparar un sistema de archivos contenido en una partición. Para seleccionar la partición a comprobar se usa el comando df, el cual muestra información sobre las particiones, indicando el espacio usado, el espacio libre y el punto de montaje.

Más información: https://tinyurl.com/tvtf2pj

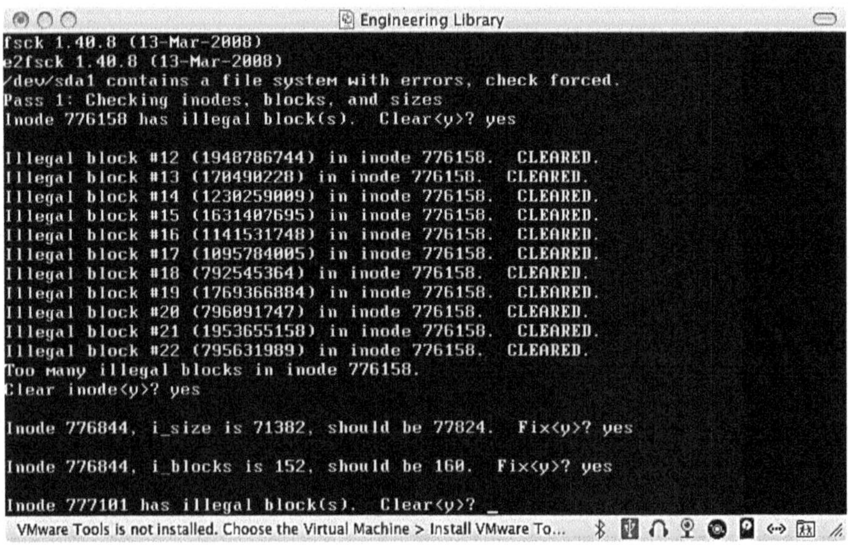

Además está la orden e2fsck que contiene opciones como –p, para reparar automáticamente todos los errores o –c, que busca sectores defectuosos y los marca para no utilizarlos otra vez.

9.2.2.1. Tipos de soportes físicos para el almacenamiento de información

Entre los ejemplos de soportes físicos para almacenar información destacan por ejemplo los discos magnéticos (disquetes, discos duros), los discos ópticos como el CD/DVD, las cintas magnéticas, los discos magneto-ópticos como los discos Zip, Jaz y Superdisk, las tarjetas de memoria, los soportes y memorias USB, etc.

Los componentes de hardware que escriben o leen datos en los medios de almacenamiento se conocen como dispositivos o unidades de almacenamiento. Por ejemplo una disquetera o una unidad de disco óptico son dispositivos que realizan tareas de lectura y escritura en disquetes y discos ópticos respectivamente.

El propósito principal de los dispositivos de almacenamiento es almacenar y recuperar la información de forma automática y eficiente. El almacenamiento de datos se relaciona directamente con dos procesos que son la lectura de datos almacenados para transferirlos a la memoria del ordenador y escritura-grabación de datos para que más tarde se puedan recuperar y reutilizar para otros propósitos.

Los medios de almacenamiento han evolucionado notablemente desde la aparición de los primeros ordenadores. En la actualidad existe una gran variedad de tecnologías y de dispositivos nuevos y completamente funcionales, aunque el disco rígido (o disco duro) siga siendo el principal almacén de información en el ordenador, desplazado en nuestros días por los discos extraíbles y por otros medios de almacenar información y datos.

9.2.2.2. Mantenimiento de medios de almacenamiento extraíbles

Para realizar un correcto mantenimiento de los sistemas de almacenamiento es necesario realizar ciertas tareas como por ejemplo la desfragmentación y el resto de operaciones que vamos a desarrollar a continuación.

9.2.2.3. Desfragmentación de discos

La desfragmentación del disco es un proceso consistente en volver a organizar los datos que aparecen fragmentados en un volumen, como por ejemplo el disco duro o cualquier otro dispositivo de almacenamiento, para que éste pueda funcionar con mayor eficacia y eficiencia.

La fragmentación sucede en un volumen o unidad de almacenamiento con el paso del tiempo a medida que se guardan, se cambian o se eliminan archivos. Estos cambios que se van almacenando en un archivo lo hacen generalmente en un lugar diferente del volumen donde se ha guardado el archivo original. Esto no cambia el lugar donde aparece el archivo en Windows sino que sólo cambia el lugar donde se almacenan los bits de información que forman parte del archivo dentro del volumen real. Con el paso del tiempo tanto el archivo como el volumen del mismo acaban fragmentados, y el rendimiento del equipo disminuye porque tiene que buscar en distintos lugares dentro del disco para abrir un único archivo.

En Windows la desfragmentación se puede ejecutar de forma programada para que el usuario no tenga que hacerlo manualmente.

Para desfragmentar el disco duro en Windows pulsamos en el botón Inicio y en el cuadro de búsqueda escribimos defrag o desfragmentador de disco. Cuando aparezca la opción hacer clic sobre ella.

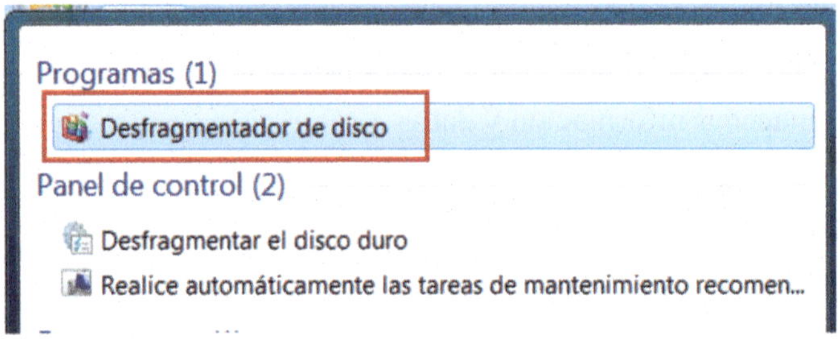

En el cuadro nuevo seleccionar la unidad a desfragmentar en Estado actual. Para saber si es necesario o no desfragmentar el disco hacer clic en Analizar disco.

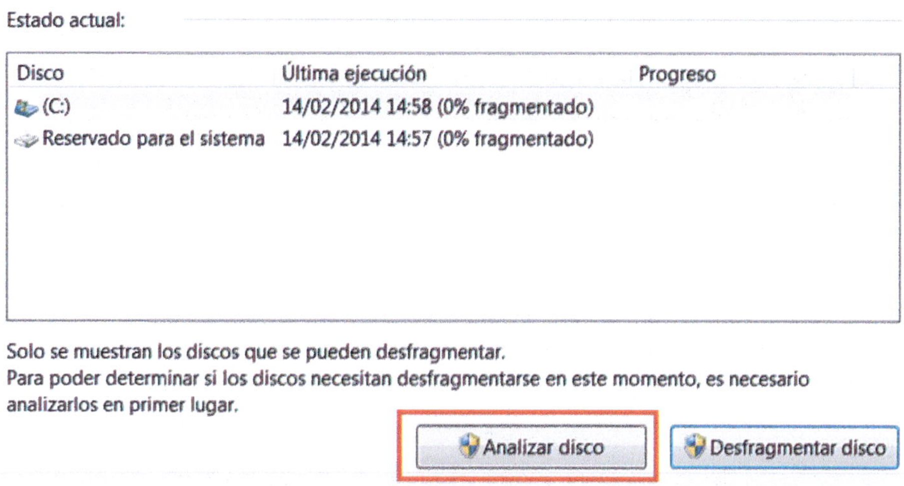

Si el equipo solicita una contraseña de administrador escribir la contraseña y confirmarlo.

Tras el análisis del disco podemos comprobar su porcentaje de fragmentación en la columna última ejecución. Cuando el porcentaje sea superior al 10% es recomendable desfragmentar el disco.

Para desfragmentar hacer clic en Desfragmentar disco. Si solicita una contraseña escribirla para autorizar al equipo que realice la desfragmentación, la cual puede durar desde varios minutos a varias horas según el tamaño y el grado de fragmentación del disco duro. Durante el proceso de desfragmentación se puede seguir utilizando el equipo sin problemas.

9.2.2.4. Compresión de unidades, carpetas y archivos

El sistema de archivos NTFS permite la compresión "al vuelo" de los archivos para ahorrar espacio en el disco duro. Comprimir una unidad se recomienda únicamente cuando ya no quede más espacio en la partición y no se puedan quitar datos haciendo una copia de seguridad o agregando un disco nuevo, debido sobre todo a que una partición comprimida baja el rendimiento de lectura-escritura en el disco.

Para comprimir una unidad de disco en Windows seguimos los siguientes *pasos:*

Inicio/ Mi PC o Equipo

Seleccionar la unidad que vamos a comprimir y pulsar en el botón derecho del ratón. De las opciones del cuadro emergente hacer clic en Propiedades.

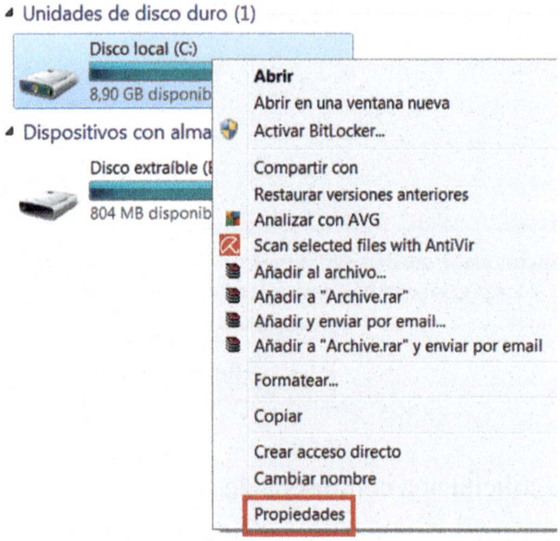

En el cuadro nuevo, en la pestaña General activar la opción *Comprimir esta unidad para ahorrar espacio en el disco.*

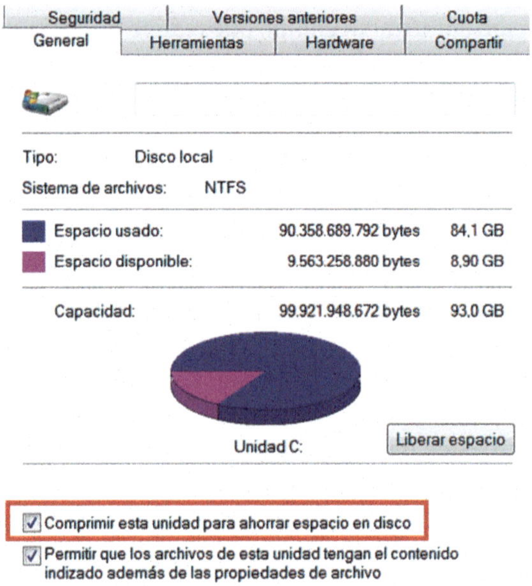

Hacer clic en Aplicar para comenzar con la compresión. Cuando el sistema lo solicite, se puede elegir entre comprimir la carpeta C:\ o todos los archivos y subdirectorios asociados también. Pulsar en Aceptar.

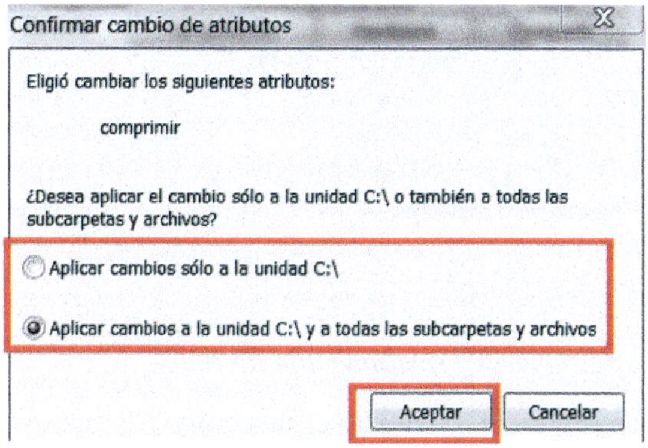

Para cerrar la ventana de propiedades una vez realizada la compresión pulsar nuevamente en Aceptar. Según la opción elegida (comprimir solo la unidad o comprimir subcarpetas y archivos también) y el número de archivos del ordenador, la compresión puede durar entre unos minutos a varias horas.

9.2.2.5. Liberación de espacio de disco

Cuando queramos reducir el número de archivos innecesarios en el disco duro para liberar espacio en el disco y ayudarle para que funcione de manera más rápida y eficiente, se puede usar la utilidad Liberador de espacio en disco, la cual quita los archivos temporales, vacía la Papelera de reciclaje y elimina archivos del sistema y otros elementos que no necesita el usuario del equipo para que éste pueda funcionar con normalidad.

Para acceder al liberador seguir la *ruta:*

- Inicio/Todos los programas/Accesorios/Herramientas del sistema/Liberador de espacio en disco.
- Seleccionar la unidad para liberar y pulsar en Aceptar.
- Esperar el proceso de comprobación del disco.
- Activar o desactivar las opciones de archivos a eliminar.
- Comprobar el total a recuperar (indicado en megabytes) y pulsar en Aceptar para iniciar el proceso de limpieza y liberación del disco.

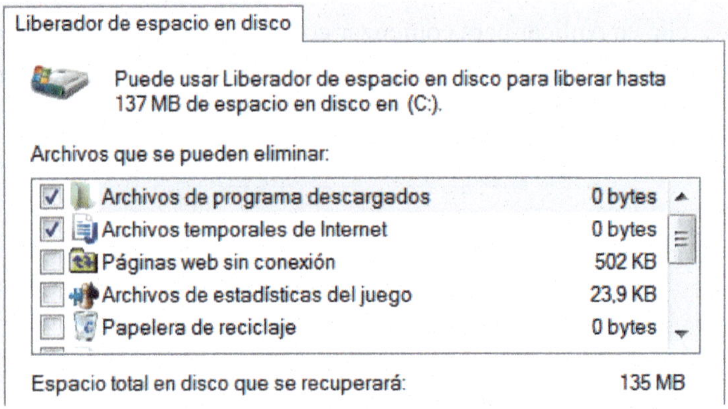

9.2.2.6. Copias de seguridad y restauración de datos

Una copia de seguridad o backup es una copia de algunos archivos de datos con el fin de que esas copias adicionales de los datos puedan ser utilizadas para restaurar el original tras una eventual pérdida de éstos. Fundamentalmente son útiles para dos cosas: recuperarse de una catástrofe informática y rescatar archivos que puedan haberse eliminado accidentalmente o puedan haberse corrompido.

Como los sistemas de respaldo contienen como mínimo una copia de todos los datos que quiere salvar el usuario, deben tenerse en cuenta los requerimientos de almacenamiento.

La organización del espacio de almacenamiento y la administración del proceso para hacer la copia de seguridad son tareas complicadas. Para brindar una estructura de almacenamiento es conveniente utilizar un modelo de almacenaje de datos. Actualmente existen muchos tipos diferentes de dispositivos para almacenar datos que son útiles para hacer copias de seguridad, cada uno con sus ventajas y sus inconvenientes, como son la duplicidad, la seguridad de los datos o la facilidad en el traslado de los datos.

Se han desarrollado multitud de técnicas diferentes para optimizar el procedimiento de los backup. Estos procedimientos incluyen optimizaciones para trabajar con archivos abiertos y fuentes de datos que estén en uso y procesos de compresión, cifrado y duplicación, entendiendo esto último como una forma de compresión donde los datos superfluos son eliminados. Muchas organizaciones e individuos tratan de asegurarse de que el proceso de copia se realice de la manera esperada y trabajan con esmero en la evaluación y validación de las técnicas sugeridas para la copia de seguridad. Las copias de seguridad deben garantizar dos objetivos principales: integridad y disponibilidad.

Para realizar una copia de seguridad de determinados archivos en Windows 7 debemos pulsar en el botón Inicio, hacer clic en Panel de control y finalmente hacer clic en Copias de seguridad y restauración.

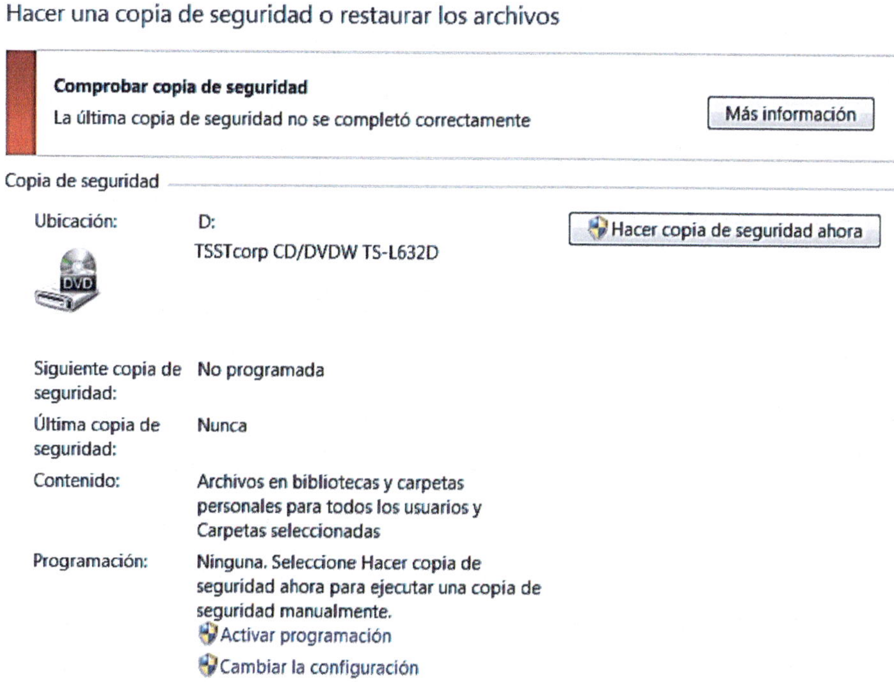

A continuación se pueden realizar dos acciones:

Cuando hemos usado con anterioridad la aplicación podemos configurar el momento de la copia, modificándolo de forma manual o haciendo una copia de seguridad inmediata haciendo clic en *Hacer copia de seguridad ahora.*

Si no hemos usado la aplicación con anterioridad hacemos clic en Cambiar la configuración y seguimos los pasos del asistente. Tanto en uno como en otro caso si el equipo nos solicita una contraseña de administrador, debemos escribirla para confirmar la operación.

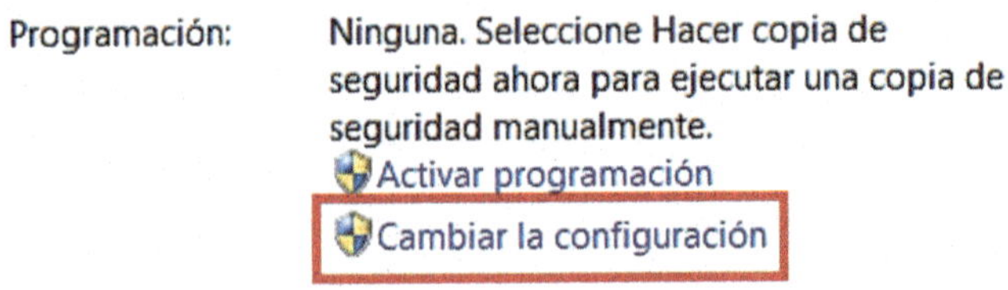

Recomendaciones generales para las copias de seguridad:

- No se deben almacenar las copias de seguridad en el mismo disco o unidad en la que está instalado Windows, de modo que se puede crear una partición o utilizar dispositivos extraíbles donde se almacene la copia de seguridad.
- Almacenar siempre los medios usados en las copias de seguridad en un lugar seguro para impedir el acceso a usuarios no autorizados. Se recomienda usar otra ubicación ignífuga independiente del equipo. También existe la posibilidad de cifrar los datos de la copia de seguridad para protegerlos.

9.2.3. Mantenimiento de la configuración del software de base y de aplicación

A lo largo del ciclo de vida del proceso de software los productos van evolucionando. Desde la misma y primaria concepción del producto y la captura de requisitos inicial hasta la producción del mismo, y desde el mantenimiento hasta su retirada definitiva, lo cierto es que se van realizando una serie de cambios y modificaciones tanto en el código como en la documentación asociada. La Gestión de Configuración del Software (en adelante GCS) es la disciplina encargada del control de la evolución de los productos del software.

Como en todo proceso la gestión de la configuración también puede ser sistematizada y automatizada. Este proceso recibe el nombre de Sistema de Gestión de Configuración o SGC. Existen en el mercado nuevas herramientas que permiten apoyar y realizar una o más actividades en la gestión de la configuración.

9.2.4. Administración de impresoras de red y servicios de impresión

9.2.4.1. Instalación y configuración de impresoras locales y de red

La forma más habitual para instalar una impresora en una red doméstica es instalarla como dispositivo independiente en la red, y a continuación agregar una conexión a la impresora para cada uno de los equipos que estén incluidos en la red (configurar la impresora para cada uno de los equipos de la red).

Cuando no estemos seguros del tipo de impresora de red que vamos a instalar podemos usar una impresora inalámbrica, conectar la *impresora* directamente a la red o conectar más de una impresora a la red.

- *Usar una impresora inalámbrica.* Este tipo de impresoras usan una tarjeta inalámbrica integrada y se conectan a una fuente de alimentación y no a la red o al equipo. Antes de encender la impresora se debe consultar la documentación suministrada con ella para poder configurar una conexión inalámbrica con cada equipo de la red doméstica. Las opciones de seguridad para la impresión inalámbrica las determina cada fabricante de impresora.
- *Conectar una impresora directamente a la red.* Se debe conectar la impresora al concentrador o enrutador de la red. La forma de instalar estas impresoras depende de si la impresora y el dispositivo de red usan una red Ethernet, un bus de serie universal o USB o si funciona con otro tipo

de conexión. También en este caso se debe consultar la información suministrada por el fabricante de la impresora.

- *Conectar más de una impresora directamente a la red.* Esta opción sólo podrá realizarse cuando el enrutador admita más de una conexión de impresora. En caso contrario plantearse cualquiera de las opciones anteriores.

9.2.4.2. Gestión de los trabajos

En la cola de impresión se muestra toda la información acerca de los documentos en espera para imprimirse, tales como el estado de la impresión (Imprimiendo, En espera), el propietario del documento o el número de páginas que se van a imprimir.

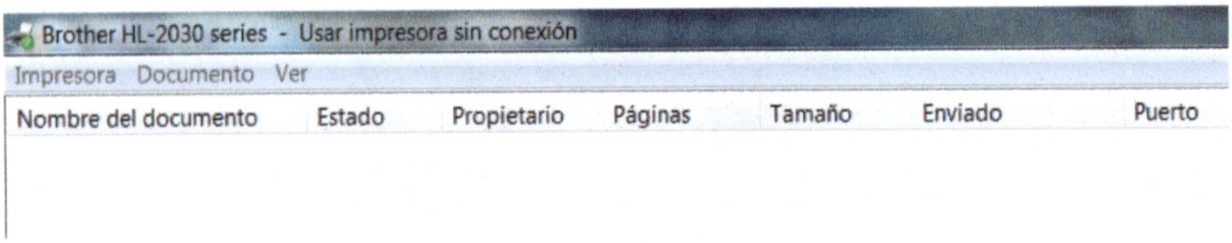

La cola de impresión puede utilizarse para ver, pausar, reanudar, reiniciar o cancelar los trabajos de impresión.

Para abrir la cola de impresión pulsar el botón Inicio, hacer clic en Panel de control y después en Dispositivos e impresoras, hacer doble clic en la impresora que estemos usando y dependiendo de la interfaz buscar la opción Ver lo que se está imprimiendo o algo similar. También podemos pulsar en el botón Inicio y luego en Dispositivos e impresoras directamente o hacer clic en el icono de impresora que aparece en el área de notificaciones.

9.2.5. Ejecución de tareas administrativas automáticas

9.2.5.1. Asistentes y utilidades en línea de comandos

La interfaz de líneas de comandos o CLI (*Command Line Interface*) es un método que permite a los usuarios dar instrucciones a un programa informático por medio de una línea de texto simple. Hay que destacar que los conceptos CLI, Shell o Emulador de Terminal no son lo mismo aunque normalmente se utilicen como sinónimos.

Las CLI pueden emplearse interactivamente escribiendo instrucciones en una entrada de texto o pueden utilizarse de forma más automatizada leyendo comandos desde un archivo de scripts.

Este tipo de interfaz existe casi desde los mismos orígenes de la informática, superada en antigüedad sólo por las tarjetas perforadas y otros mecanismos similares. Estas interfaces existen para diversos programas o sistemas operativos, para diferentes tipos de hardware y con diferentes funcionalidades.

Las CLI son parte fundamental de los shells o emuladores de terminal. Aparecen en todos los escritorios como los de Gnome, KDE o Windows como un método para ejecutar aplicaciones más rápidamente. También pueden aparecer como interfaces de lenguajes interpretados como Java, Phyton, Ruby o Perl. Se pueden utilizar en aplicaciones de tipo cliente-servidor, en bases de datos como Postgres, MySQL o Oracle y en clientes FTP entre otros. Los CLI son el elemento fundamental en aplicaciones de ingeniería como Matlab o Autocad.

La contraparte de las CLI es la interfaz gráfica que ofrece una estética mejorada y una mayor simplificación a costa de un mayor consumo de recursos y de una reducción generalizada en la funcionalidad del sistema. También nos referimos a otro problema como es el de la mayor vulnerabilidad de las CLI en comparación con otros elementos.

Estas interfaces son usadas por multitud de programadores y de administradores de sistemas como herramientas primarias de trabajo, especialmente en sistemas operativos basados en UNIX, en entornos científicos y de ingeniería y en un pequeño grupo de usuarios domésticos avanzados que saben programar y conocen bien el funcionamiento y las múltiples posibilidades de las CLI.

9.2.5.2. Administración de tareas programadas

Con la utilidad tareas programadas se puede programar cualquier secuencia de comandos, programas o documentos para que sean ejecutados en una fecha y hora determinadas según sea lo más conveniente para el usuario.

Tareas programadas se inicia cada vez que lo hace el sistema operativo y siempre se ejecutan en segundo plano, iniciando cada tarea programada en el momento en que se crearon las tareas a realizar.

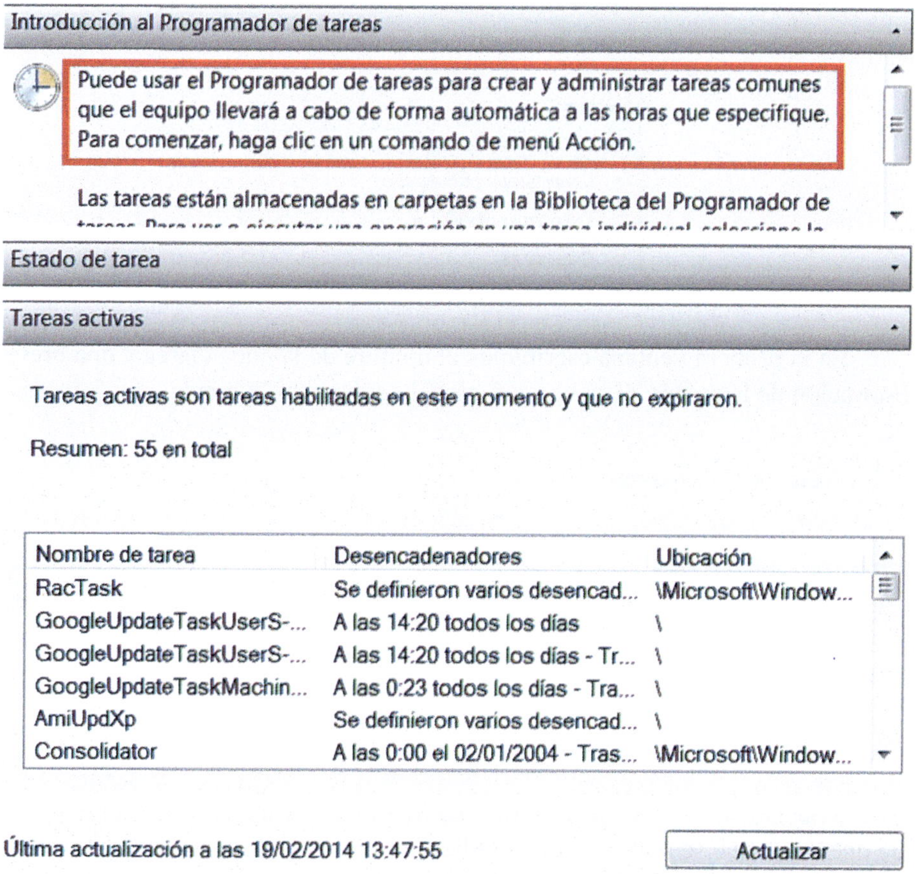

9.2.5.3. Programación de tareas

Con la programación de tareas se pueden automatizar determinadas tareas para que se ejecuten en un día y hora concretos.

En la columna derecha de la ventana Programador de tareas aparecen todas las acciones que se pueden realizar con las tareas, entre las cuales destacan Crear tarea o Crear tarea básica, que son aquellas que nos permiten configurar una tarea concreta.

Como ejemplo vamos a ver los pasos a seguir para crear una tarea con la opción Crear tarea básica.

Inicio/Panel de control/Herramientas administrativas/Programador de tareas.

En la columna Acciones hacer clic en Crear tarea básica.

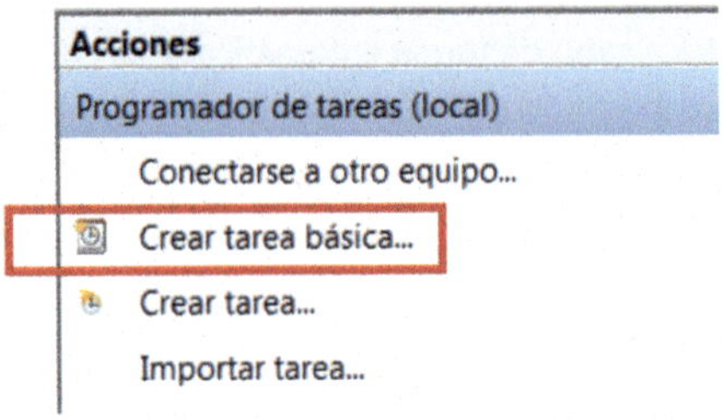

En la primera ventana escribimos el nombre de la nueva tarea y una breve descripción de la misma. Una vez completado pulsar en Siguiente.

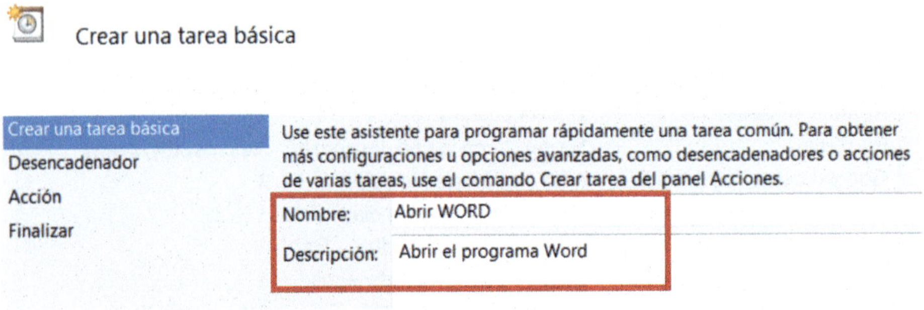

Seleccionar el desencadenador, que no es sino el intervalo o momento en que queremos que se realice la tarea indicada (diariamente, semanalmente, mensualmente, una vez, etc.). Una vez seleccionado pulsar en Siguiente.

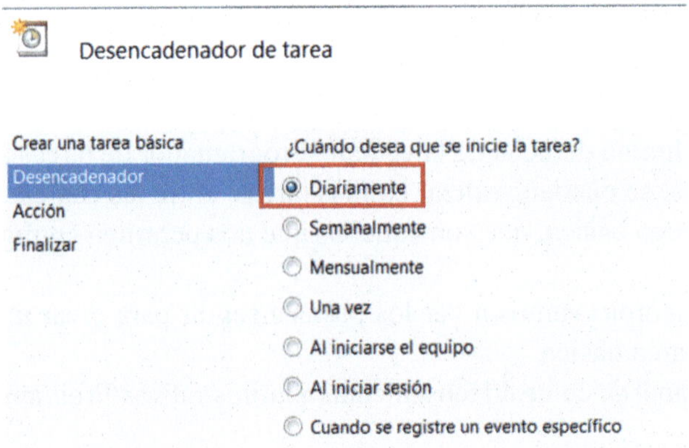

Seleccionar la fecha desde la que el sistema debe realizar la tarea y la hora en la que se debe realizar. Pulsar en Siguiente.

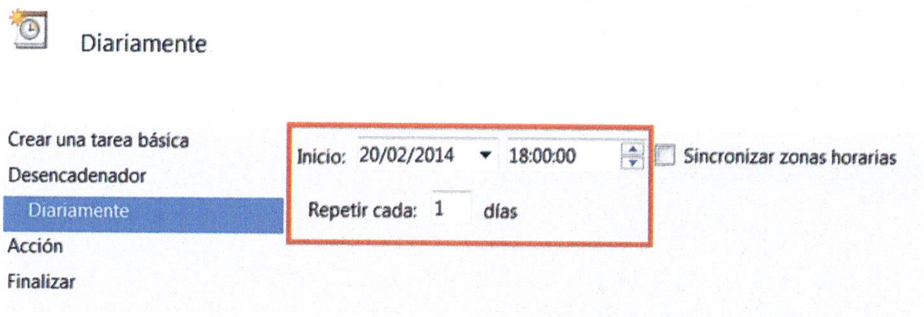

Seleccionar la acción a realizar con la tarea (Abrir un programa, Enviar un correo o Mostrar un mensaje). En este caso dejamos activada la opción Iniciar un programa. Pulsar en Siguiente.

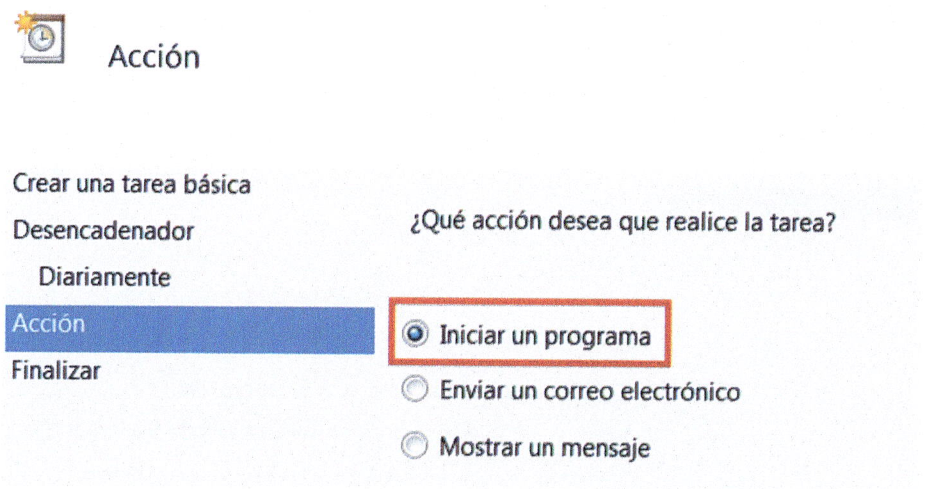

Buscar el archivo ejecutable del programa haciendo clic en Examinar… y pulsar Siguiente.

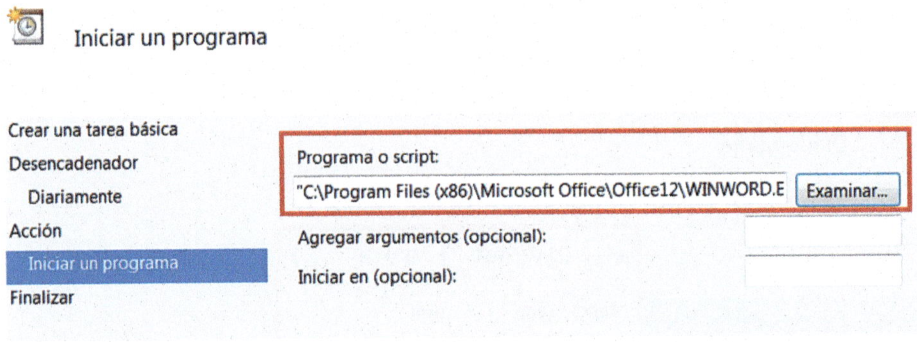

Revisar todas las características y condiciones de la tarea y hacer clic en Finalizar.

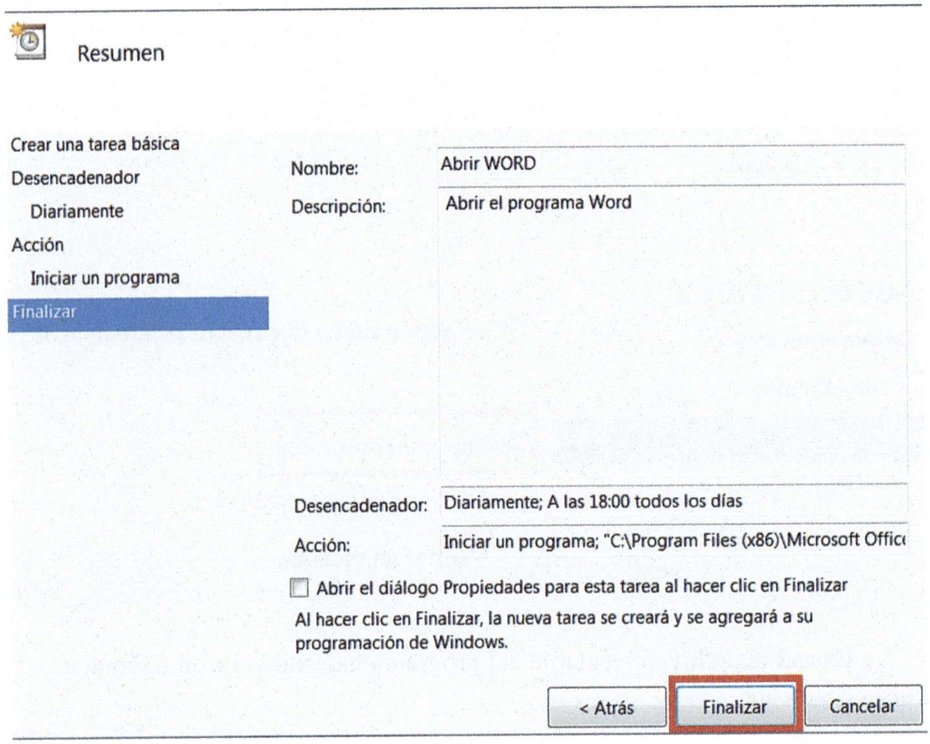

En Linux podemos ejecutar scripts o aplicaciones gráficas para desencadenar una tarea a través de los comandos ar y cron. También se puede utilizar la interfaz Gnome Schedule para programar las tareas de forma más intuitiva.

Para programar una *tarea* no repetitiva en un momento concreto utilizaremos el comando at con la siguiente sintaxis:

at [-q letra_cola] [-f fichero_comandos] [-Id] instante

Instante es el momento en el que se ejecutará el comando y puede escribirse en formato HH:MM, formato HH:MM con AM o PM, Midnight (12:00 AM), Noon (12:00 PM), Teatime (4:00 PM), Nombre del mes, día y año o MesDíaAño, Mes/Día/Año, Mes-Día-Año.

Cuando hayamos escrito el comando at con el tiempo de ejecución, visualizaremos una pantalla en la cual tenemos que escribir el comando a ejecutar y pulsar Enter. Para seguir añadiendo más comandos pulsamos la tecla Enter después de escribirlos. Para terminar pulsamos la combinación de teclas Ctrl+D.

El comando cron se utiliza para ejecutar tareas repetitivas de forma regular. Cron está formado por los ficheros crontab (que contiene los programas o comandos que van a ejecutarse); el comando crontab (con el que se editarán y crearán los ficheros); el directorio crontabs (que contiene los ficheros crontab) y el demonio cron, que es el que ejecuta los trabajos del fichero crontab. El formato del fichero crontab contiene seis campos por línea. Los cinco primeros indican cuándo se ejecutará el programa y el otro es el comando o aplicación con sus parámetros. Los primeros cinco campos son: minuto, hora, día, mes y día de la semana. Como *ejemplo* exponemos el siguiente:

20 7 * * 1-7 echo *Abrir Photoshop*. Esta instrucción indica que se debe abrir el programa Photoshop todos los días de la semana a las 7 horas y 20 minutos.

Para programar una tarea desde el escritorio de Gnome debemos instalar la aplicación para programar tareas y acceder a ella desde Aplicaciones/Herramientas del sistema/Tareas programadas, desde donde podemos seguir los pasos para crear esa nueva tarea, con pasos similares a los que hemos explicado para hacerlo en Windows. Entre las ventajas de esta tarea respecto a otras aplicaciones o sistemas para programar tareas que hemos explicado están la inclusión de texto o de iconos a las tareas, la creación de plantillas o disponer de un calendario para elegir el día en el que se ejecutará la tarea prevista.

9.2.6. Ejecución de programas y guiones administrativos

9.2.6.1. Tipos de archivos de comando

En MS-DOS, sistemas operativos compatibles y en el CP/M de 8 bits un fichero COM es un tipo simple de fichero ejecutable. El nombre del formato de este fichero proviene de la extensión del nombre de fichero.com (no confundirlas con el nivel superior de dominio .com), que fue la extensión original usada para este tipo de ficheros. Sin embargo no existe asociación real entre el formato de fichero y la extensión del nombre de fichero más que en versiones muy antiguas de MS-DOS.

A diferencia de los archivos de extensión EXE los archivos COM tienen una estructura mucho más simple y almacenan de forma directa y lineal la imagen de memoria que al final se convertirá en un programa. Los programas que caben en un solo segmento son los únicos que no pueden almacenarse en archivos COM.

9.2.6.2. Contenido de los archivos de comando

El formato COM quizá sea el formato ejecutable más simple de todos ya que no contiene metadatos, sólo código y datos, se carga en el desplazamiento 0x0100 de un segmento y se ejecuta. Debido a la segmentación de la memoria no se hace necesaria la relocalización.

Pero su simpleza tiene un precio: el binario tiene un tamaño máximo de 65,280 bytes (0xFF00) y almacena todo su código y los datos en un único segmento. Esto no era un problema en los primeros ordenadores de 8 bits pero es la razón principal por la que dicho formato cayó en desuso con la introducción de los procesadores de 16 y de 32 bits debido a sus mayores memorias segmentadas.

En la arquitectura de la CPU de Intel 8080 sólo se pueden direccionar 65,536 bytes de memoria, en un rango de memorias de 0x0000 a 0xFFFF. Bajo el sistema CP/M la primera página de esta memoria, de 0x0000 a 0x00FF, estaba reservada para el uso del sistema y cualquier programa del usuario tenía que ser cargado exactamente en la dirección 0x0100 para ser ejecutado. Los ficheros COM se ajustan a este modelo perfectamente. Debemos caer en la cuenta que no habrá posibilidad de ejecutar más de un programa o comando a la vez: el programa cargado en 0x0100 era ejecutado pero ningún otro más.

Aunque el formato de fichero sea el mismo en MS-DOS y en CP/M esto no quiere decir que los programas de CP/M se puedan ejecutar directamente bajo MS-DOS o viceversa, ya que los ficheros COM de MS-DOS contienen instrucciones x86, mientras que los ficheros COM de CP/M contienen instrucciones 8080, 8085 o Z80. Además los ficheros COM de MS-DOS dependen a menudo de llamadas al sistema operativo proporcionadas a través de la interrupción 21h. Se puede crear un fichero COM pesado que puedan ejecutar distintas familias de procesadores.

Acerca de las interrupciones: https://tinyurl.com/v6vcm4c

Hay ficheros que pueden tener nombres acabados en .com pero no contener el formato descrito con anterioridad. Esto se sabe fijándose en un número al principio del fichero. Por ejemplo el comando command.com en DR-DOS 6 está actualmente en formato ejecutable de DOS, indicado por los dos primeros bytes del fichero que son MZ, las iniciales de Mark Zbikowski (0x4D5A). Bajo CP/M3 si el primer byte de un fichero COM es 0xC9 indica la presencia de una cabecera de 256 bytes, ya que 0xC9 corresponde a la instrucción RET de 8080, lo que significa que el fichero terminará inmediatamente si se ejecutara en una versión anterior de CP/M que no soportara la extensión.

9.2.6.3. Asignación de archivos de comandos

Para asignar un archivo de comandos de inicio de sesión a un perfil de usuario determinado debemos seguir los siguientes pasos:

En Inicio, pulsar en Panel de control. A continuación pulsar en Herramientas administrativas y hacer clic en Administración de equipos.

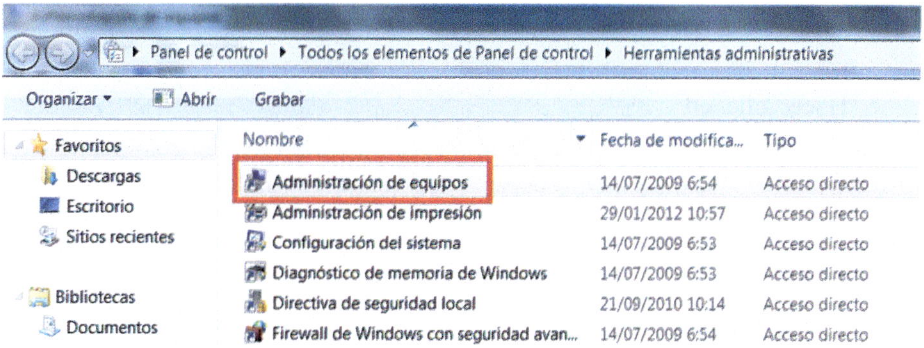

En el árbol de consola expandir Usuarios y grupos locales y hacer clic en Usuarios.

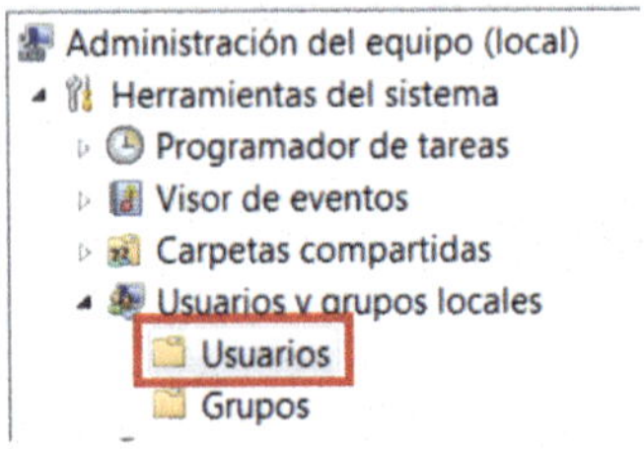

En el panel derecho hacer clic en el botón secundario del ratón en la cuenta de usuario deseada y hacer clic en Propiedades.

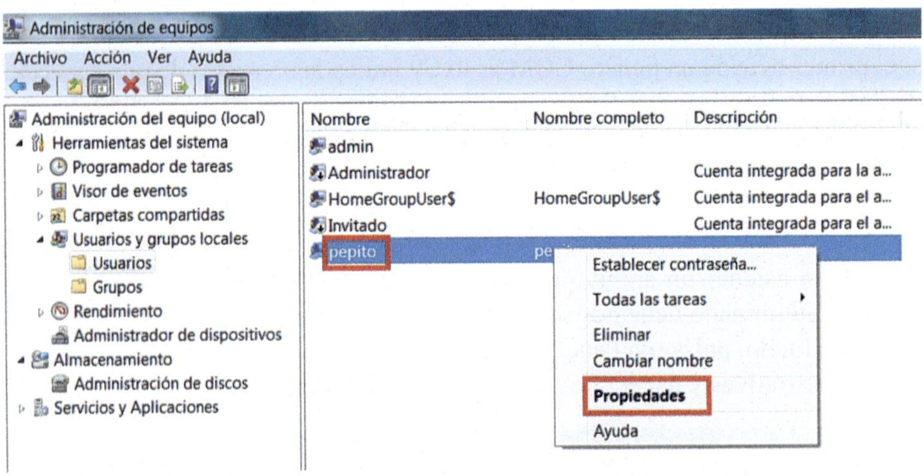

Hacer clic en la ficha Perfil.

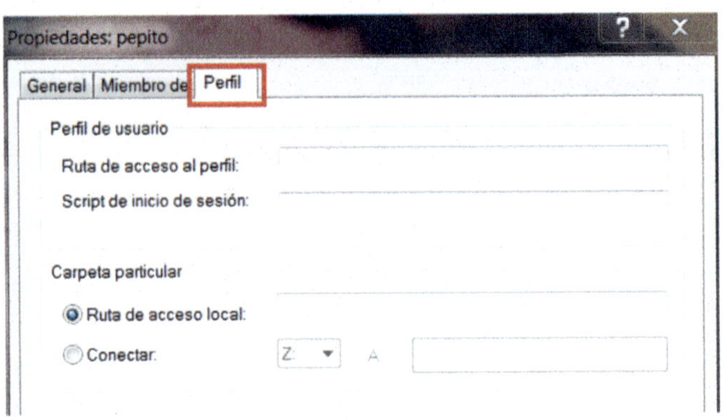

En el cuadro Perfil de usuario escribir el nombre de archivo (y la ruta de acceso relativo) del archivo de comandos de inicio de sesión.

Hacer clic en Aplicar y después en Aceptar.

9.3. Herramientas de gestión remota

Dentro de las *herramientas* para la gestión remota de equipos nos referimos aquí como en otras ocasiones a las VNC, sistema de gestión que se compone de clientes, servidor y protocolo de comunicación.

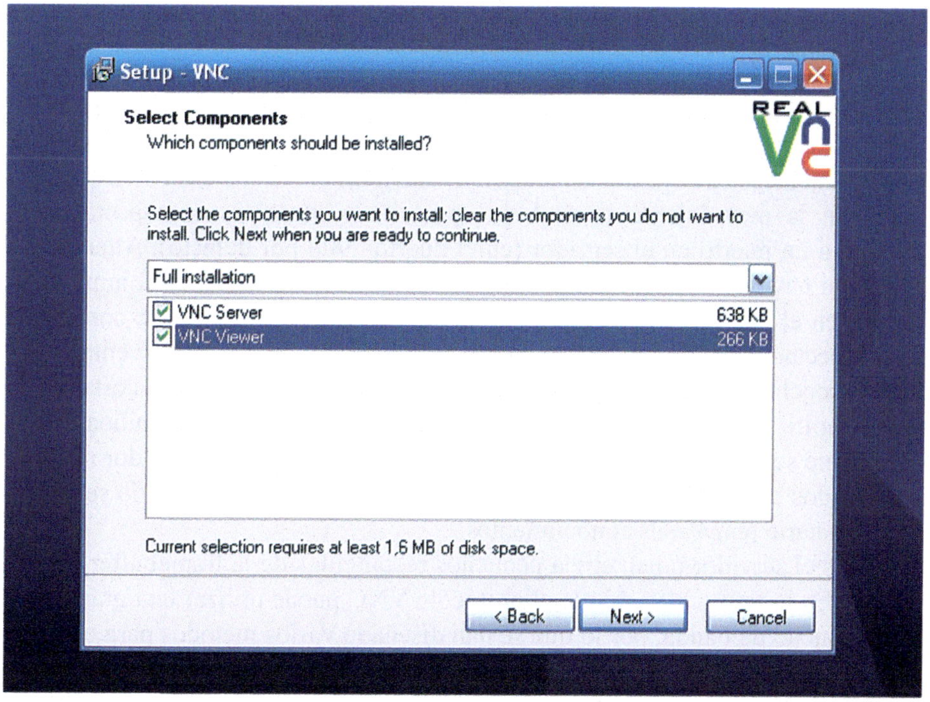

- El VNC servidor es el programa en el equipo que comparte la pantalla, de modo que el servidor permite al cliente tomar el control.
- El VNC cliente (o también llamado espectador) es el programa que vigila, controla e interactúa con el servidor. Es el cliente quien controla al servidor.
- El VNC protocolo o RFB es un sistema muy simple, basado en una primitiva gráfica del servidor al cliente ("Póngase un rectángulo de datos

de píxel en la posición X,Y especificada). Se puede utilizar para mandar mensajes de eventos del cliente al servidor.

En la metodología normal de operaciones remotas, un espectador se conecta a un puerto en el servidor (en el puerto 5900 por defecto). Alternativamente un navegador puede conectarse al servidor dependiendo de la implementación (en el puerto 5800 por defecto). Y además un servidor puede conectarse a un espectador en modo de escucha en el puerto 5500. Una de las ventajas del modo escucha es que el sitio del servidor no tiene que configurar el cortafuegos para permitir el acceso al puerto 5900 ó 5800, puesto que la responsabilidad recae totalmente sobre el espectador, lo cual puede ser útil cuando el servidor no tiene demasiados conocimientos informáticos, mientras que por el contrario se espera que el usuario tenga esos conocimientos.

Es el servidor quien envía pequeños rectángulos de la framebuffer para el cliente. En la forma más simple el protocolo VNC puede utilizar una gran cantidad de ancho de banda, por lo que se han diseñado varios métodos para evitar la sobrecarga de comunicación. Así hay varias codificaciones, que no son más que métodos que determinan la manera más eficiente para transferir los rectángulos.

El protocolo VNC permite que cliente y servidor negocien la codificación que utilizarán. La forma más simple de codificación, apoyada por todos los clientes y todos los servidores, es la codificación cruda (también llamada raw) donde los datos se envían en píxeles en orden de izquierda a derecha, y tras haberse transmitido la pantalla completa original, sólo se transfieren aquellos rectángulos que cambien. Este tipo de codificación funciona sobre todo cuando una pequeña parte de la pantalla cambia de un fotograma a otro, como un puntero del ratón se mueve en el escritorio o cuando se escribe texto con el cursor, pero las demandas en el ancho de banda crecen radicalmente cuando una gran cantidad de píxeles cambia al mismo tiempo, como por ejemplo al desplazarse por una ventana o cuando se visualiza un vídeo a pantalla completa.

VNC usa por defecto el puerto TCP 5900+N, en el cual N es el número de la pantalla (que es 0 para una pantalla física). Varias implementaciones también indican un servidor básico HTTP en el puerto 5800+N para proporcionar un visor VNC como applet Java, lo que permite una conexión fácil a través de cualquier navegador que tenga activado Java. Se pueden utilizar distintas asignaciones de puerto siempre y cuando el cliente y el servidor están configurados adecuadamente para ello.

El uso de VNC a través de Internet funcionará bien cuando el usuario tenga una conexión de banda ancha en ambos extremos, aunque a veces puede requerir cortafuegos, configuración del router y reenvío de puertos para facilitar el paso de las conexiones entrante y saliente. Algunos usuarios pueden optar por utilizar aplicaciones de redes privadas como VPN o programas como Hamachi para utilizar Internet más fácilmente. Una conexión VNC puede establecerse como una conexión LAN cuando se utiliza VPN como proxy.

Hay que tener en cuenta que la máquina donde se ejecuta el servidor VNC no necesita tener una pantalla física. En el servidor Unix VNC Server o XVNC, que se basa en el estándar X server, X es un servidor que muestra las ventanas del cliente, y para los usuarios remotos de VNC es un simple servidor VNC. Las aplicaciones pueden mostrarse en XVNC como si fueran una pantalla normal, pero en cualquier conexión VNC van a aparecer más espectadores que en una pantalla física.

Para terminar queremos resaltar el hecho de que una máquina, ya sea estación de trabajo o servidor de red con pantalla, teclado y ratón, puede configurarse para arrancar y ejecutar el servidor VNC como un servicio o como un demonio, y entonces tanto la pantalla como el teclado y el ratón pueden ser eliminados y la máquina puede ser almacenada en una ubicación diferente. Además la pantalla que muestra VNC no es necesariamente la misma pantalla vista por un usuario en el servidor. En máquinas UNIX/Linux que soporten múltiples sesiones simultáneas X11, VNC puede ser configurado para servir a una sesión particular existente de X11 o bien iniciar una sesión propia. También se pueden ejecutar múltiples sesiones de VNC desde el mismo ordenador. En sistemas Windows la sesión VNC servida es siempre la sesión del usuario actual.

Para conocer más sobre VNC, sus *características* y sus posibilidades recomendamos visitar las siguientes páginas web:

- https://tinyurl.com/uhks8b4
- https://tinyurl.com/tuobf54
- https://tinyurl.com/vjnn2aa
- https://tinyurl.com/rdtez3e

Ejercicio práctico

Acceder a la siguiente página web, descargar el archivo y realizar el ejercicio indicado.

http://www.uazuay.edu.ec/bibliotecas/so/practica2.doc

Enlaces de interés

- *Guías, manuales, temarios sobre Administración de proyectos de software:*
  https://tinyurl.com/tq3njyh
  https://tinyurl.com/s93r3gw
  https://tinyurl.com/vyajky4
  https://tinyurl.com/rd5xgz7
  https://tinyurl.com/sk47b2e
  https://tinyurl.com/qmthrvu
  https://tinyurl.com/lypckwp
- *Administración eficiente de activos de software:* https://tinyurl.com/rbvm2dc
- *Curso de Introducción a la administración de sistemas operativos:* https://tinyurl.com/srfpuru
- *Supervisión y seguimiento de proyectos de software:* https://tinyurl.com/tg6drrw
- *La gerencia y administración de proyectos:* https://tinyurl.com/vc2uq3e
- *Sobre sistemas operativos en red:* https://tinyurl.com/vgcrt9q – https://tinyurl.com/tzaa9fr
- *Sobre Gestión de la Configuración del software:* https://tinyurl.com/r66bfz3 – https://tinyurl.com/uscdtt9 - https://tinyurl.com/w5vll9v – https://tinyurl.com/rxmakfo
- *Sistema computarizado de gestión del mantenimiento- Serie de documentos técnicos de la OMS sobre dispositivos médicos:* https://tinyurl.com/v85sfvw
- *Acerca del mantenimiento:* http://tinyurl.com/s4zwlwf
- *Gestión de recursos de un sistema operativo:* http://tinyurl.com/s5sqwfg

- *Libro Gestión de proyectos de software:* https://tinyurl.com/s59gfsh
- *Libro Sistemas Operativos de William Stallings:* http://tinyurl.com/rof-5vc4
- *Libro Sistemas informáticos:* https://tinyurl.com/yx792xt6

Glosario

- *Analogía:* relación de semejanza entre cosas diferentes. Es una comparación entre objetos, conceptos y experiencias.
- *Aplicación:* programa informático diseñado como herramienta para permitir al usuario realizar uno o varios trabajos. Este hecho le diferencia de otros programas como sistemas operativos (que hacen funcionar al ordenador), las utilidades (que realizan tareas varias) y los lenguajes de programación (para crear los programas informáticos).
- *Bifurcación:* acción de crear un proyecto en una dirección opuesta a uno ya existente, tomando el código que deja de hacer un proceso para comenzar otro hasta que se acabe para regresar al que tenía asignado.
- *Capa:* las redes de ordenadores proveen al usuario de unos servicios y tienen una serie de funciones internas. Estos servicios se realizan por las capas o niveles de arquitectura que tiene el tipo de red. Las arquitecturas de redes tienen una serie de capas superpuestas cada una de las cuales desempeña una función.
- *CP/M:* sistema operativo desarrollado para los primeros ordenadores basados en el microprocesador Intel 8080, Intel 8085 y Zilog Z80. Significa Programa de control para microordenadores. Fue un estándar para los primeros ordenadores. Utiliza una interfaz simple de líneas de comando.
- *Discos Jaz:* disco duro removible fabricado por la compañía Iomega. La unidad de disco Jaz fue en su origen un cartucho de disco removible de 1GB.
- *DR-DOS 6:* sistema operativo compatible con MS-DOS. Fue desarrollado por Digital Research de Gary Kildall y se deriva del Concurrent PC DOS 6.0, un sucesor a su vez del CP/M-86.
- *Driver (Controlador):* programa para relacionar el sistema operativo con dispositivos de hardware como tarjeta gráfica, módem, wifi y con periféricos como la impresora, el escáner o una cámara de vídeo entre otros. Los drivers permiten que el sistema operativo reconozca los dispositivos y permita trabajar con ellos.

- *Emulador de terminal:* programa que simula el funcionamiento de un ordenador en cualquier dispositivo de visualización. Incluye características como control de procesos, entrada/salida de datos, lectura de ficheros o protección. El emulador de terminal por excelencia es Telnet y en Unix el emulador por defecto es Term.
- *Encriptación:* proceso para hacer ilegible determinada información que sólo puede leerse de nuevo si se aplica la clave correcta. Es una medida de seguridad para cuando se almacene o transmita información sensible de modo que no pueda ser obtenida con facilidad por terceros.
- *Ethernet:* estándar de transmisión de datos para redes de área local que se basa en principios como que todos los equipos de la red deben estar conectados a la misma línea de comunicación y de transmisión.
- *Framebuffer:* parte del sistema de vídeo donde una imagen es almacenada pixel por pixel y es usada para refrescar otra de tipo mapa de bits por ejemplo. Un framebuffer retiene un frame (o cuadro) de una secuencia de frames (cuadros).
- *Hamachi:* aplicación gratuita que configura redes privadas virtuales, estableciendo una conexión a través de Internet simulando una red de área local formada por ordenadores remotos. Consultar en http://upn.net
- *Host:* ordenador que funciona como punto de inicio y de final de las transferencias de datos. Se describe de forma más común como el lugar donde reside un sitio web. Cada host tiene una dirección de Internet única (dirección IP) y un nombre de dominio único (nombre de host). Un host también puede hacer referencia a una compañía que ofrece alojamiento para sitios web.
- *Ingeniería inversa:* procedimiento por el que se toma un objeto por separado para ver cómo funciona con el fin de duplicarlo o mejorarlo. La ingeniería inversa en el software tiene como objetivo recuperar un código fuente de un programa que necesita ser corregido, mejorado o estudiado para ser escrito nuevamente.
- *Init:* es el primer proceso a nivel usuario que ejecuta el kernel Linux, por lo que el número de proceso será 1 y continúa su ejecución hasta que el sistema se apaga. Es el padre de todos los procesos y quien adopta los procesos huérfanos.
- *Interrupción 21h:* una interrupción es una instrucción que detiene la ejecución de un programa para permitir el uso de la CPU a un proceso más prioritario. La interrupción 21h lee un caracter de una entrada estándar y

se pone en estado de espera hasta que se pulsa una tecla. Es la encargada de realizar las escrituras y lecturas aleatorias.

- *Lenguaje interpretado:* lenguaje cuyo código no necesita ser pre-procesado por un compilador, lo que significa que el ordenador puede ejecutar la sucesión de instrucciones del programador sin necesidad de leer y traducir todo el código.
- *Memoria:* de forma genérica designa las partes del ordenador o de los periféricos donde se almacenan todos los datos y programas. Existen dos tipos de memoria principales: RAM (memoria de almacenamiento temporal que guarda los programas y datos en proceso) y memoria ROM (en la que se almacenan datos permanentes).
- *Metadatos:* datos sobre datos, información estructurada que describe otra información y que permite encontrarla, gestionarla, controlarla, entenderla y preservarla en el equipo.
- *Netware:* sistema operativo de red desarrollado por la empresa Novell bajo la presidencia de Ray Noorda. Se considera una de las plataformas más fiables que ofrecen acceso seguro a la red y a los recursos en cuanto a servidores de archivos. En palabras de Michael Dell, presidente de Dell: *(Noorda) ayudó a la extensión del ordenador personal construyendo Netware, un exitoso sistema para compartir archivos, que es modelo de las redes de área local.*
- *NTFS:* sistema de archivos diseñado para Windows NT que tiene la finalidad de crear un sistema de archivos eficiente, robusto y de gran seguridad. Está basado en el sistema de archivos HPFS de IBM/Microsoft y en el formato HFS diseñado por Apple.
- *Paquete de datos:* unidad fundamental de transporte de información en todas las redes. Un paquete está compuesto de tres elementos: header (cabecera), payload (área de datos) y trailer (o cola).
- *Perl:* lenguaje interpretado muy práctico para extraer información de archivos de texto y para construir informes a partir del contenido de los ficheros. Está inspirado en lenguajes como C, sh, awk y sed. Una de las diferencias con otros lenguajes es que no limita el tamaño de los archivos con los que trabaja sino que esa limitación la pone la memoria disponible.
- *Phyton:* lenguaje de programación de código abierto de alto nivel, interpretado y multipropósito. Fue creado por Guido Van Rossum a principios de los años noventa y su nombre está inspirado en el grupo cómico inglés

"Monthy Phyton". Es un lenguaje similar a Perl pero con sintaxis más limpia, lo que facilita un código legible.

- *Postgres:* gestor de bases de datos de código abierto distribuido bajo licencia BSD y código fuente disponible. Utiliza el modelo cliente-servidor y usa multiprocesos en lugar de multihilos para garantizar la estabilidad del sistema, lo que indica que el sistema funciona a pesar de un fallo en los procesos.
- *Proceso:* ejecución de instrucciones por parte del microprocesador de acuerdo a lo que dicta un programa. El sistema operativo se encarga de gestionar (crear y borrar los procesos) o establecer comunicaciones entre ellos.
- *Protocolo:* método para intercambiar datos en Internet. El protocolo determina entre otros aspectos el tipo de comprobación de errores, el método de compresión de datos o la forma de indicar que se ha recibido o se ha enviado un mensaje.
- *Proxy:* programa o dispositivo que realiza un acceso a Internet en lugar de otro ordenador. Es un punto intermedio entre un ordenador conectado a Internet y el servidor al que intenta acceder.
- *Red:* conjunto de dispositivos interconectados entre sí mediante líneas físicas que comparten información y recursos bajo la forma de valores binarios.
- *Respuestas ARP:* El ARP o Protocolo de resolución de direcciones es el responsable de encontrar la dirección de hardware que corresponde a una dirección IP. Se envía un paquete a la dirección de difusión de la red que contiene la IP por la que se pregunta y se espera a que la misma máquina u otra diferente responda con la dirección Ethernet que le corresponde.
- *Secuencia:* información ordenada de datos que predetermina el dato siguiente. Se trata de información numérica que guarda cierta relación entre sí.
- *Segmentación:* acto y consecuencia de segmentar, de dividir o formar segmentos o porciones. Es un método que busca aumentar el rendimiento de un sistema digital.
- *Servicio:* actividad cuyo objetivo es responder a las necesidades de un cliente. Es el equivalente no material de un bien. Un servicio se diferencia de un bien porque el servicio se consume en el momento en que es prestado.

- *Shell:* es un intérprete de comandos o interfaz, es decir, un intermediario que traduce los comandos del usuario a instrucciones que sólo entiende el sistema operativo.
- *Sistema operativo multihilo:* un hilo es un mini proceso. Cada hilo se ejecuta en forma secuencial y comparte unidad de procesamiento al igual que lo hacen los procesos. Muchos sistemas operativos distribuidos soportan múltiples hilos de control dentro de un proceso que comparten un único espacio de direcciones que se ejecutan casi paralelamente como si fueran procesos independientes.
- *Texto plano:* los archivos de texto plano son aquellos formados sólo por texto sin ningún formato, los que no requieren ser interpretados para leerse. Suelen utilizarse para escribir el código fuente en programación.
- *VPN:* tecnología de red que permite una extensión segura de la red local sobre una red pública o no controlada. Permite que un ordenador dentro de una red envíe y reciba datos sobre redes públicas o compartidas como si fuera una red privada.

Resumen

- En este tema hemos explicado conceptos y tareas clave sobre mantenimiento de sistemas en red y mantenimiento de software utilizando programas externos como VNC o programas para controlar las redes como Wireshark o Dsniff entre otros. También hemos explicado la validez de las herramientas que están incluidas en el sistema operativo como el desfragmentador de discos, el Liberador de espacio o las tareas programadas para administrar de una manera sencilla pero efectiva los recursos y los programas con el fin de que el sistema funcione con normalidad y no sea objetivo de ataques informáticos de virus ni de otro tipo que comprometan la estabilidad y la funcionalidad del sistema llevándole a su bloqueo y/o inutilización en otros casos.
- Si algo debe quedar claro después de estudiar este tema es que una buena administración redundará en un equipo seguro, fuerte, fiable, activo y siempre operativo, que es uno de los objetivos principales de las tareas básicas de mantenimiento: conseguir que el sistema no deje de funcionar y evitar los indeseados bloqueos en el equipo. Esta es la principal finalidad y la prioridad a la que debemos dirigir todos nuestros esfuerzos cuando hablemos de administración de sistemas y de equipos.

Bibliografía

HERNÁNDEZ ÁLVAREZ, F. *Sistemas de administración de recursos informáticos,* Editorial Académica Española, 2012.

JONES, C. *Administración de proyectos de software,* Editorial McGraw-Hill, Madrid, 2008.

JONES, C. *Estimación de costos y administración de proyectos de software,* Editorial McGraw-Hill, México, 2008.

MORENO PÉREZ, J.C. y RAMOS PÉREZ, A. F. *Administración software de un sistema informático,* Ra-Ma Editorial, Madrid, 2013.

PANTALEO, G. *Calidad en el desarrollo del software,* Editorial Marcombo, Barcelona, 2012.

PRESSMAN, R. *Ingeniería del software: un enfoque práctico,* Mc Graw-Hill, Madrid, 2003.